AVEC FREUD
AU QUOTIDIEN

Essais de psychanalyse appliquée

DU MÊME AUTEUR

PSYCHANALYSE DE LA CHANSON, Les Belles Lettres-Archimbaud, 1996 ; Hachette Littératures, 2004.

PAS DE FUMÉE SANS FREUD. *Psychanalyse du fumeur*, Armand Colin, 1999 ; Hachette Littératures, 2002.

ÉVITEZ LE DIVAN. *Petit guide à l'usage de ceux qui tiennent à leurs symptômes*, Hachette Littératures, 2001.

LA PETITE ROBE DE PAUL, Grasset, 2001.

CHANTONS SOUS LA PSY, Hachette Littératures, 2002.

UN SECRET, Grasset, 2004.

LA MAUVAISE RENCONTRE, Grasset, 2009.

UN GARÇON SINGULIER, Grasset, 2011.

PHILIPPE GRIMBERT

AVEC FREUD AU QUOTIDIEN

Essais de psychanalyse appliquée

BERNARD GRASSET
PARIS

Photo de couverture : © Maurice Rougemont/Opale

ISBN 978-2-246-79813-2

À la mémoire de
Josée Lapeyrère

Longtemps je me suis allongé de bonne heure… sur le divan de mon psychanalyste. Tôt le matin, deux fois par semaine, j'ai franchi le porche de cet immeuble, devenu ma seconde adresse.

J'y ai revisité mon histoire, convoqué le plus intime de moi-même à travers mes actes manqués, mes dérapages ou mes ratés et compris quelles motivations inconscientes dirigeaient ma destinée, plus sûrement que ma volonté, plus sûrement encore que ma conscience. Ainsi je me suis peu à peu affranchi des inhibitions, de la culpabilité dont j'avais hérité, de ces empêchements, de ce qui nous tient et nous mène… parfois à notre perte.

Si « guérison » veut dire, comme dans le discours médical, éradication des symptômes, je ne suis pas sorti guéri de ce voyage mais, bien mieux, j'ai appris à faire avec mes failles et à transformer mes faiblesses en force, en créativité.

Cette démarche, nous sommes nombreux à l'avoir entreprise, nombreux à reconnaître dans la psychanalyse une expérience irremplaçable. Longtemps après sa conclusion, elle continue d'exercer ses effets, sur notre existence mais aussi sur notre vision du monde à laquelle Freud, chaque jour encore, apporte ses lumières. En ce qui me concerne, le savoir de l'analysant que j'étais a nourri celui de l'analyste que je suis devenu et qui, à son tour, accompagne ceux qui souhaitent entreprendre la même traversée. Cette pratique se double d'un projet, que permet l'écriture : témoigner de ce voyage au plus profond de soi-même, partager et transmettre le regard singulier de la psychanalyse.

C'est pourquoi, au long de ces pages, j'ai voulu chausser les lunettes de Freud, ajuster mon regard au sien pour traiter de sujets aussi divers que fumée, politique, cinéma ou chanson – pour ne citer qu'eux – mais aussi de leur résonance intime avec mon propre parcours. Ces essais de psychanalyse appliquée à des questions de société – et à moi-même – constituent une réponse à mon désir de comprendre les ressorts secrets d'un monde souvent énigmatique et d'en déchiffrer les enjeux inconscients, avec Freud au quotidien.

Compter avec l'Inconscient

L'Inconscient existait-il avant que Freud ne le découvre ? Bien entendu, tout comme l'électricité ou l'atome. Exerçait-il déjà ses effets ? Évidemment, tout comme la poussée d'Archimède avant son « *Eurêka !* » ou la rotation de la Terre avant l'« *Eppure si muove !* » de Galilée. Mais comment interprétait-on ses surgissements, ses manifestations quand on ne savait sur quoi trébuchaient les humains, ce qui provoquait leurs empêchements, leurs malaises ? Probablement comme on le fait encore aujourd'hui dans la plupart des cas, quand on ne veut rien savoir de son existence : on évoquait la maladresse, la distraction, l'erreur pour expliquer les actes manqués, un désordre purement biologique pour donner un sens à certains symptômes résistant au savoir de la médecine. Ou bien encore, dans les cas d'échecs à répétition, les malédictions familiales, on se référait à la Destinée, à la Fatalité et bien sûr, avant tout, au Ciel : vengeance divine, tissage des Parques, châtiment du Tout-Puissant, ou encore influence des astres. Les interprètes de l'Inconscient d'alors se nommaient augures, grands prêtres, astrologues, pythies et leurs paroles, sans doute aussi sûrement que celles de nos analystes d'aujourd'hui, produisaient leurs effets, expliquaient, soulageaient, guérissaient.

Tout cela n'a pas pour autant disparu, les oracles existent toujours, moins intégrés au fonctionnement de la cité, surtout depuis que leurs dieux ont été poliment priés de rester à leur place et sommés de ne plus interférer dans le politique, depuis que les monuments de l'État dans nos démocraties ne sont plus confondus avec ceux du culte. Ils sont cependant toujours consultés, par le peuple aussi bien que par les princes, dans le cabinet des voyantes et des astrologues, en secret dans la discrétion d'un confessionnal, parfois même dans la pittoresque officine d'une chambre de service aménagée en case de marabout.

On savait autrefois que l'on pouvait compter *sur* la sévérité ou la mansuétude des divinités tutélaires, compter *sur* le déchiffrement des Écritures qui en connaissaient sur nous bien davantage que nous-mêmes. Aujourd'hui, depuis Freud et bien que beaucoup d'entre nous s'en défendent encore, nous savons que nous devons compter *avec* l'Inconscient. Cet Autre en nous, qui dirige nos actes et influe sur notre destinée, qui construit et modèle notre pensée bien plus sûrement que le cartésianisme dans lequel notre tradition nous avait ancrés. Compter avec cet Autre qui sait compter lui aussi, calculateur hors pair qui maîtrise mieux que nous les chiffres, n'oublie jamais un anniversaire et sait le commémorer, souvent dans la douleur. Compter avec cette logique interne qui nous modèle à notre insu et transforme notre Moi en organe de méconnaissance, alors que longtemps nous avons cru aux mirages de l'introspection. Compter avec ce discours qui tient les rênes de notre destinée, qui ne cesse de nous échapper et dont il convient de déchiffrer les énigmes dans nos symptômes, dans nos rêves, dans les scénarios de nos fantasmes.

Sans doute est-ce la notion la plus dérangeante apparue au dix-neuvième siècle dans le domaine de la pensée. Parce qu'elle déloge le Moi de sa position de maîtrise, parce qu'elle remet en question la suprématie de la raison et l'empire de la connaissance de soi, elle se trouve aujourd'hui encore en butte à des attaques virulentes de la part de certains philosophes comme de certains adeptes des thérapies comportementales et cognitives, ces fameuses TCC qui nient l'inconscient freudien et proposent des traitements parfois proches du conditionnement pavlovien. Ces thérapies se montrent en cela fidèles à la ligne d'un libéralisme outrancier qui voudrait appliquer au domaine psychothérapeutique des critères identiques à ceux du management : efficacité, rapidité, évaluation… Mais cette nouvelle mouvance, si elle peut se féliciter de quelques succès dans le traitement de pathologies spécifiques telles les TOC (troubles obsessionnels compulsifs), entraîne dans son sillage des déviances dangereuses et pour notre santé mentale et pour nos libertés, telle l'évaluation des risques de délinquance dès l'école maternelle. C'est une des raisons pour lesquelles la psychanalyse pose un regard critique sur ces pratiques contraires à son éthique, ainsi que sur toute tentative d'enfermement de l'humain dans des chiffres, des graphiques, des cases ou des conditionnements, tentation contemporaine face à laquelle elle fait acte de résistance.

Je ne suis pas optimiste. Ces pratiques voguent à ce point sur l'air du temps qu'elles ne peuvent que séduire. Je suis obligé de constater leur succès croissant, aux dépens de la richesse de l'enseignement dans lequel j'ai baigné, si proche d'un humanisme qui m'a appris les effets de la psyché sur le soma et à quel point les deux sont indissolublement liés. C'est pourquoi il ne me viendrait pas à l'esprit de nier l'apport des neurosciences, de la génétique, ni les bienfaits que la chimie dispense à la souffrance mentale, mais à la condition que ces dernières ne réduisent pas l'homme à son symptôme et ne nous fassent pas oublier que chacun de nous est le produit d'une histoire individuelle, familiale et sociale, non réductible à un assemblage de neurones, aussi sophistiqué soit-il…

« C'est Freud que l'on assassine ! » pourrait-on en effet penser en lisant le *Livre noir de la psychanalyse*[1] ou *Le crépuscule d'une idole*, de Michel Onfray, deux ouvrages qui proposent un catalogue de la détestation freudienne. Dans le second, le philosophe attaque férocement la personne même de l'inventeur de la psychanalyse, tentant de réduire à néant, à partir de l'inventaire de ses failles et de ses prétendus mensonges, la valeur de sa découverte. Mais l'ouvrage omet soigneusement de préciser que les failles de l'homme Freud, de sa découverte et de son utilisation thérapeutique, ont en fait été révélées, explorées, critiquées depuis fort longtemps par des générations de psychanalystes et d'historiens, bien avant que le philosophe

1. Collectif paru sous la direction de Catherine Meyer, Les Arènes, 2005.

d'Argentan ne s'y attelle, à la différence près que leur objectif n'était pas de détruire, mais de faire avancer la théorie et la pratique d'une discipline nouvelle qui, immanquablement, souffrait des erreurs et des tâtonnements de ses débuts.

Car c'est une évidence : Freud a commis des erreurs. Mais ce qui fait la singularité de sa démarche c'est qu'il l'a reconnu et écrit, porté par la dynamique d'une pensée sans cesse remise en question, entreprise unique dans le domaine de la littérature scientifique. Oui, c'est en puisant dans ses propres empêchements, ses rêves et ses fantasmes que Freud a inventé la psychanalyse, ce qui ne fait pas de lui pour autant un malade tentant de justifier ses déviances, mais un névrosé ordinaire, comme nous le sommes tous, cherchant au plus profond de lui-même une vérité qui concerne chacun de nous. Oui, il est vrai que Freud n'a pas ouvertement critiqué l'irrésistible montée au pouvoir d'Hitler, mais quel intellectuel, fût-il Michel Onfray, pourrait affirmer qu'il aurait trouvé ce courage dans la Vienne de l'époque ? Oui, Freud a analysé sa propre fille Anna, ce qui nous paraît, même à nous autres psychanalystes, inconcevable dans notre pratique d'aujourd'hui. Oui, tout cela est exact, comme ses quelques succès thérapeutiques surestimés ou ses échecs patents, mais ces errements théoriques et humains suffisent-ils à rendre la psychanalyse caduque ou inefficace ?

Et pour finir, oui, Michel Onfray dit vrai quand il affirme que la psychanalyse ne guérit pas, ce qui est confirmé par le témoignage de tous ceux à qui elle a permis de ne pas mourir avant l'heure, de ne plus être dupes de leur propre histoire, à qui elle a évité la répétition sans fin d'expériences désastreuses, dont elle a levé les empêchements et les inhibitions : en effet, de ce point de vue Michel Onfray a raison, la psychanalyse ne guérit pas… elle sauve !

Ces attaques en règle, il convient cependant de reconnaître que la psychanalyse en porte en partie la responsabilité car elle s'est rendue coupable d'au moins deux péchés, péchés originels pourrait-on dire qui, s'ils ne l'excusent pas, expliquent tout du moins l'agressivité dont elle est aujourd'hui l'objet.

Le premier de ces péchés a pris la forme du « tout-psy », ce modèle de « prêt-à-penser » qui a imposé à partir des années soixante-dix son pouvoir sans partage sur l'intelligentsia, étendant son empire sur les milieux universitaires, littéraires et artistiques. Cette mainmise a évidemment suscité la réaction à laquelle nous assistons, aussi démesurée et doctrinaire que les excès qui l'ont motivée et qui s'exprime sous la forme d'un rejet massif des thèses freudiennes, qualifiées de dépassées ou de toxiques.

L'enivrement provoqué par la découverte de la pensée de Freud chez les cliniciens de ces mêmes années a donné naissance au deuxième péché originel de la psychanalyse, lorsqu'il a amené ces derniers à de véritables mises en accusation, en particulier dans leurs tentatives d'explication de certaines pathologies lourdes, telles la psychose ou l'autisme. Le résultat fut la culpabilisation des mères qualifiées de « pathogènes » par des auteurs comme

Bruno Bettelheim, qui a laissé des cicatrices ineffaçables, comme en témoigne la haine contre la psychanalyse qu'affichent certaines associations de parents.

De panacée, l'invention freudienne s'est vu taxer d'escroquerie, le fécond mouvement de pensée est devenu pour certains dérive sectaire : retournements spectaculaires, occasions de débats passionnés, qui jalonnent l'histoire de cette discipline et a contrario, apportent la preuve de son caractère profondément subversif et de son actualité toujours brûlante.

Car, au-delà de ces deux péchés originels, la raison majeure du rejet de la psychanalyse semble bien demeurer la même, celle qui valut déjà à Freud, au moment de sa découverte, les réactions agressives de ses confrères de la communauté scientifique : son aspect révolutionnaire, qui n'a rien perdu de son tranchant, depuis qu'il a délogé le sujet cartésien de son inexpugnable position de maîtrise. Le soleil ne tourne plus autour de la Terre : la découverte de l'inconscient garde aujourd'hui sa dimension scandaleuse et le seul fait qu'elle révèle à l'homme une partie de lui-même dont il ne veut rien savoir suffirait à expliquer les attaques contre elle est l'objet.

« Quel progrès... », soupirait l'inventeur de la psychanalyse en contemplant les nazis qui faisaient un bûcher de ses œuvres, « ... autrefois c'est moi qu'ils auraient brûlé ! » Un progrès, pensait-il en optimiste, lui qu'un cancer de la mâchoire allait emporter avant que la fumée des crématoires n'assombrisse l'Europe.

Ces feuilles qui nourrissaient les autodafés étaient les textes fondateurs de la psychanalyse, qualifiée de « science juive » en ces années noires. Une science qui se démarquait de toutes les autres par le changement de perspective qu'elle proposait, un « Connais-toi toi-même » original qui, délogeant la conscience de sa position centrale, proposait une nouvelle approche de l'hystérie, des phobies ou de la névrose obsessionnelle basée sur le déchiffrage de leur sens caché, sur la révélation des désirs inconscients. Une science dont l'outil était la seule parole, qui devenait non plus moyen d'expression à la disposition de l'homme, mais élément constitutif de son statut de sujet, exerçant ses effets sur son psychisme autant que sur son corps. Science originale aussi par la démarche, unique en son genre, de son créateur qui prenait pour objet d'étude son propre inconscient et le livrait à ses lecteurs en leur dévoilant ses rêves, ses fantasmes et de larges pans de son histoire personnelle : sa névrose, en somme. Sujet et objet de la science se trouvaient ainsi pour la première fois confondus.

Il en a résulté des textes fulgurants, qu'une vie d'études ne suffit pas à épuiser, si bien que l'on hésite à conseiller le profane : comment choisir dans cette œuvre immense de quoi éclairer celui qui veut y pénétrer ? D'abord en évitant les vulgarisations et en interrogeant Freud lui-même.

Durant mes études et sur les conseils de mes maîtres, j'ai commencé par lire la Psychopathologie de la vie quotidienne *qui m'a d'emblée séduit par l'élucidation que Freud y propose de ce qui nous paraît étranger à nous-mêmes : nos trébuchements de tous les jours, nos lapsus, actes manqués, oublis symptomatiques. J'y ai appris que dans ces failles se manifeste la surprise de l'inconscient, toujours prêt à surgir. J'ai continué par* La science des rêves, *dont Freud se montra si fier, au point d'imaginer une plaque de marbre commémorant sa découverte sur le mur de la maison où lui fut révélé ce secret qui intriguait tant les anciens. Puis j'ai poursuivi avec ses* Essais de psychanalyse appliquée *et leurs éblouissantes variations sur le mystère de la création artistique, et me suis lancé dans l'*Introduction à la psychanalyse. *Ces lectures m'ont définitivement convaincu qu'il me fallait compter avec mon inconscient, explorer la psychopathologie de ma vie quotidienne et étudier la science de mes rêves en tentant l'aventure du divan…*

À celui qui voudra faire plus ample connaissance avec l'inventeur de la psychanalyse il faudra ensuite partir à la découverte des essais cliniques et théoriques, s'en imprégner, saisir leur audace et leur honnêteté, accompagner Freud et sa pensée en marche dans ses allers et retours, ses remises en question, ses doutes et ses certitudes puis recommencer au début, conscient que chaque relecture ouvrira sur de nouvelles richesses. Alors seulement il pourra se tourner vers les disciples et les continuateurs, Jung, Abraham ou Ferenczi par exemple, ces branches innombrables qui partent d'un tronc commun, pour y lire fidélités, avancées et trahisons, voyager dans d'autres langues à travers l'univers immense de cette littérature, y croiser Melanie Klein, Winnicott et leur inestimable apport à la psychanalyse des enfants, pour enfin rencontrer Lacan, celui qui, avec son génie clinique et les instruments d'aujourd'hui, linguistique, mathématiques modernes, topologie, a retrouvé tout le tranchant de la pensée du maître viennois et redonné à la psychanalyse le caractère subversif qu'elle n'aurait jamais dû perdre. Ne pas se jeter d'emblée sur les *Écrits*, qui fascineraient et perdraient tout à la fois l'audacieux qui les aborderait sans préparation, mais déguster la stimulante leçon clinique et théorique des *Séminaires*, dont l'édition complète est en cours. Se laisser bousculer, surprendre, enseigner par ceux qui ont travaillé dans son sillage, Françoise Dolto, Maud Mannoni, François Périer, Serge Leclaire…

Qui pourrait encore prétendre, après de telles lectures, que nous avons affaire à une discipline dangereuse ou dépassée, quand on connaît son apport précieux à la clinique d'aujourd'hui, à la compréhension des désordres intimes aussi bien que des phénomènes sociaux les plus complexes, quand on voit avec quelle vigueur ces textes déchirent le voile des apparences, quand chaque page nous montre l'éclairage indispensable et sans égal que projette la psychanalyse sur le mystère auquel tout homme doit faire face : son propre désir ?

Il y a tant de mystère dans nos rêves, tant de bizarreries et d'inventions, qu'il nous est souvent difficile de reconnaître que nous en sommes les auteurs et nous attribuerions volontiers ces productions à un autre, tant elles nous paraissent étrangères à nous-mêmes. Nous n'aurions pas complètement tort d'ailleurs, car nos rêves sont bien l'œuvre d'un autre, à ceci près qu'il s'agit de celui que Lacan a nommé le grand Autre : notre inconscient.

À l'époque où j'étais tenté par l'écriture, réalisation d'un désir qui datait de mon adolescence, je fus surpris par un rêve dans lequel je me voyais accoucher. Très curieusement, dans ce rêve, je n'accouchais pas d'un enfant mais d'un objet énigmatique : une pierre, sur laquelle étaient gravées des inscriptions.

Invité par mon analyste à associer librement sur cette scène, j'en suis arrivé, après bien des détours, à deux évidences : si je me voyais accoucher, c'est que le désir dont témoignait cette représentation onirique était de connaître l'expérience de la grossesse, fantasme masculin assez répandu. Mais aussi et surtout, il me fallait tenir compte de l'objet dont j'accouchais : mes associations m'amenèrent à la pierre de Rosette, celle qui permit à Champollion le déchiffrage des hiéroglyphes. Champollion me conduisit à Freud, déchiffreur des symptômes de l'hystérie… et donc à mon désir de devenir analyste. Mais ce désir-là était conscient, il me fallait aller encore un peu plus loin… habité que j'étais par mon projet d'écriture, j'ai très vite reconnu, dans mon rêve, une expression que le langage courant, dans sa grande sagesse, emploie à propos des auteurs : accoucher symboliquement d'une œuvre, d'un livre, d'un projet… ce qui ne mettait pas encore un terme à l'interprétation de ce rêve dans lequel j'accouchais, sans douleur à l'évidence mais plus réellement que symboliquement, puisque c'est mon corps qui donnait naissance à cet objet. Ce qui m'a amené, poursuivant mes associations, à évoquer une dimension que la psychanalyse a longuement développée à propos des femmes, quant à leur désir de maternité : l'enfant comme phallus, cet attribut viril érigé en symbole qui, selon Freud, viendrait combler dans une équivalence inconsciente le manque originaire chez la femme.

Ainsi mon rêve mettait en scène le désir, tout homme que je sois, d'accoucher moi aussi d'un phallus, non moins manquant pour les représentants du sexe dit fort que pour les femmes et qui, dans mon cas particulier, allait prendre la forme de l'écriture à venir, dont j'espérais qu'elle m'apporterait reconnaissance et notoriété…

À quoi rêvent les hommes ?

Dirait-on « À quoi rêvent les hommes ? » si l'on ne se demandait : « À quoi rêvent les jeunes filles ? » Dirait-on « les hommes » si l'on ne pensait « les femmes » ou si l'on ne faisait référence à la fameuse question : « Que veut une femme ? »

Cette interrogation sur le mystère du désir féminin, Freud l'a formulée il y a plus d'un siècle, mais elle insiste. Ce que l'inventeur de la psychanalyse a appelé « le continent noir de la sexualité féminine » reste aujourd'hui encore énigmatique et fait oublier aux hommes que la question se pose, avec la même acuité, aux femmes elles-mêmes. Si leur désir nous pose question, que dire alors de leur jouissance ? Les hommes rêvent depuis toujours de savoir ce qu'il en est de la jouissance féminine, qui ne s'exprime pas de façon aussi visible que la leur.

C'était donc ainsi que je mettais en scène, avec mon accouchement onirique, un des aspects de ce fameux rêve des hommes. Il se trouvait réactualisé par les ruses de mon inconscient dans l'objet énigmatique dont les inscriptions – je l'ai compris plus tard – auraient, une fois déchiffrées, posé sans doute une question proche du « Que veut une femme ? », question vouée à rester sans réponse. Je rejoignais ainsi avec mon rêve cette immémoriale curiosité jamais satisfaite, et sur le désir de l'autre sexe et sur le mystère de sa jouissance…

La mythologie, cette « psychologie projetée au-dehors » comme la définissait Jung, a traité de cette question, le mythe de Tirésias en témoigne. Il en existe plusieurs versions, dont celle-ci :

Jeune homme, Tirésias se promenait lorsqu'il découvrit deux serpents entrelacés. Il se mit à les frapper de son bâton. La femelle périt mais il fut lui-même aussitôt métamorphosé en femme. Elle (ou il…) appartenait depuis sept ans au sexe féminin quand, toujours au cours d'une promenade, elle tomba de nouveau sur deux serpents accouplés. De nouveau elle les attaqua, tuant cette fois le mâle et faisant fuir la femelle. Alors elle redevint un homme.

Un jour, une querelle s'éleva entre Zeus et Héra pour savoir qui, de l'homme ou de la femme, éprouvait le plus de plaisir durant l'amour. Zeus prétendait que le plaisir de la femme était le plus intense. Tirésias fut choisi comme arbitre de cette délicate question, en raison de sa double expérience, et il rapporta que la femme éprouvait neuf fois plus de plaisir que son partenaire. Vexée de voir ce secret trahi, Héra frappa Tirésias de cécité en raison de ce qu'elle jugeait être son « aveuglement ». Zeus, qui ne pouvait pas réparer les dégâts causés par son épouse, consola Tirésias en lui accordant le don de prophétie et la compréhension du langage des oiseaux, ce qui permit à ce dernier de croiser la route d'un drôle d'oiseau, Œdipe lui-même, et de lui prophétiser son funeste devenir.

Si nous voulons croire, avec Napoléon, que « l'anatomie c'est le destin », alors la différence des sexes demeure pour nous la question essentielle, déterminés que nous sommes par notre appartenance à l'un ou à l'autre et toujours amenés à nous situer par rapport au sexe opposé. La sagesse populaire dispose d'images simples pour s'exprimer sur ce propos : du positif opposé au négatif, du plein opposé au creux, avec toutes les métaphores savantes ou prosaïques qui en découlent, dont le *Yin* et le *Yang*, l'*Animus* et l'*Anima*, le doigt et l'anneau, les prises mâle et femelle, le tenon et la mortaise, etc. Autant de représentations qui laisseraient rapidement supposer qu'à la complémentarité physique s'associerait logiquement une complémentarité psychique, avec en corollaire cette idée toujours vivace qu'un rapport, en quelque sorte mathématique, pourrait s'établir entre les deux sexes.

C'est cette illusion que Lacan a dénoncée avec son fameux aphorisme : « Il n'y a pas de rapport sexuel », qui ne suppose pas, comme on pourrait naïvement le penser, un monde peuplé de nonnes et d'anachorètes à qui la chair ferait horreur, mais fait part d'une impossibilité : celle de mettre mathématiquement les deux sexes en équation. Certes, comme souvent chez l'auteur des *Écrits*, la formule prête volontairement à équivoque, mais le terme « rapport » ne porte-t-il pas en lui-même cette équivoque, que Lacan n'a fait que souligner ? En nous affirmant qu'il n'y a pas de rapport homme-femme quantifiable : homme sur femme, femme sur homme ou inversement, il met à mal un grand nombre de présupposés, parmi lesquels la complémentarité – sur le modèle de l'androgyne cher à Platon –, ou bien encore l'équivalence, quand elle voudrait se réduire à la formule : « homme = femme ». Non, « Homme » n'égale pas « Femme » et l'« égalité des sexes », évidente avancée sur le plan social, n'en recouvre pas moins un fantasme, au même titre que l'idée de fusion : ne faire qu'un !

(À ce propos, et de façon totalement inattendue, il est un spectacle qui nous donne une occasion unique de croire, contrairement à ce qu'affirme Lacan, qu'« il y a un rapport sexuel », qu'il est possible de concilier l'inconciliable, d'unir en musique le masculin au féminin : le ballet classique. La danseuse, qui en est l'incarnation, se présente en effet à nous comme une fraction, un rapport : un corps parfait coupé en deux par une barre horizontale, le tutu. Au-dessus de cette barre, à n'en pas douter, c'est une femme qui se présente à nous avec ses bras sinueux, son visage fardé paré le plus souvent d'un diadème ; au-dessous c'est une autre affaire, où le muscle et la tension ont quelque chose à dire, où la jambe acérée, érigée sur l'appui de son pied cambré, n'est plus tout à fait placée sous le signe du féminin et où pointe son nez, si l'on peut dire, la dimension phallique.

C'est un accessoire indispensable à la danseuse qui amène le psychanalyste à cette question, accessoire qui présente la particularité de porter trois appellations : *chausson de danse* pour les profanes, *pointes* pour les autres, et enfin *bottine* dans le jargon des professionnels. *Chausson*, avec sa connotation domestique et douillette, ne nous intéressera pas ici, à ceci près qu'il est indifféremment porté par les deux sexes, *pointes* en revanche commencera à nous faire dresser l'oreille, mais que l'on prononce *bottine* et voilà que surgissent en cortège, avec le corset et la guêpière, les évocations perverses des sexologues du XIXe siècle, le *Journal d'une femme de chambre* d'Octave Mirbeau, et le fameux fétiche analysé par Freud. Pour ce dernier en effet, l'objet chéri du fétichiste, dont la bottine est le prototype, vient pallier l'absence de pénis chez la femme. Emprunté à l'habillement de celle-ci (pièce de vêtement, chaussure, dessous…), cet objet qui la complète permet à son adorateur de la supposer munie de cet organe qui lui manque et qui devient par déplacement objet unique de désir et source de jouissance.

La « bottine » de la danseuse qui évolue si gracieusement en musique satisferait-elle le fétichiste qui sommeille en chacun de nous ? Cette créature irréelle qui unit, à la manière d'une figure de jeu de cartes, sa part féminine séparée de sa part masculine par une barre de tulle, un voile qui la divise, comble-t-elle en nous cette nostalgie de l'unité perdue ?

L'objet fétiche est par essence métonymique, nous dit Freud avec les mots de Lacan, le tout y est représenté par la partie, comme la voile seule peut représenter le navire. En ce sens la langue confirme cette hypothèse quand elle choisit de désigner cette artiste du rêve, cet idéal féminin qu'est la danseuse par un quatrième terme, qui la désigne tout entière aussi bien que l'accessoire qui la chausse : la ballerine.)

L'illusion de l'unité retrouvée, de la complétude et de la fusion est aussi vieille que l'humanité et cette duperie est nécessaire, sinon le merveilleux et nécessaire malentendu qui prélude à la rencontre amoureuse n'aurait aucune chance de se produire.

Le ciment du couple (quand il ne s'agit ni de l'intérêt, ni des conventions ou de la crainte), c'est l'amour. Il en est le constituant essentiel et il reste un mystère. Il doit même le rester : lorsque l'on demande à quelqu'un ce qui lui fait aimer l'autre, il se montrera tout juste capable de définir un sentiment proche de l'amitié, le désir en plus ; il ne trouvera qu'explications vagues ou exaltées, mais toujours sur le versant de l'indicible. Au fond on ne sait jamais quel trait chez l'autre provoque en nous le sentiment amoureux, qui est le plus souvent de l'ordre de l'inconscient et doit le demeurer ; certains vont succomber à une ressemblance de l'être aimé avec un ancien objet d'amour, parental la plupart du temps, d'autres vont systématiquement rechercher des objets d'amour se caractérisant par un trait bien particulier, qui agira sur eux à leur insu.

L'amour présente ce paradoxe de relever à la fois de l'inexplicable et de l'évidence, se précipitant sur nous de telle façon que l'événement prend parfois figure de catastrophe. La passion en est un exemple, état extrême de l'amour, elle porte en elle sa contradiction : bonheur et désir intense d'un côté, aveuglement, déraison et souffrance de l'autre, deux sens que le terme « passion » contient dans sa définition même.

Les psychanalystes sont en quelque sorte des spécialistes de l'amour, mais de cet amour un peu particulier que Freud a appelé l'*amour de transfert*, une illusion qui est le moteur et la condition de la cure. Cet amour-illusion est cependant à l'image de ce qu'on appelle l'amour véritable, un filtre qui exacerbe les qualités supposées de l'être aimé, qui fait fi de la réalité. La magie de l'amour offre toutes les caractéristiques de l'illusion, synonyme de magie : qu'on éclaire un peu crûment la scène pendant que le magicien vole et le spectateur démystifié verra la machinerie. C'est pourquoi l'amour nécessite ce voile, ce semblant maintenu à tout prix pour que l'objet n'apparaisse pas dans sa quotidienne réalité, ce que de nombreux couples mettent en scène en inventant des adjuvants qui nourrissent l'illusion : une passion commune, des aventures extraconjugales qui excitent le sentiment de fragilité de la relation ou bien encore la mise en place d'un tiers, Dieu par exemple, qui garantit la solidité de l'union. Ainsi le couple se présente-t-il le plus souvent comme un ménage à trois.

Le besoin de faire perdurer la fraîcheur et le miracle de la première rencontre peut se traduire par un aménagement de la vie à deux : la séparation géographique qui évite l'usure par le quotidien dont Kirkegaard parle dans son livre *La répétition*, ou l'invention érotique et ludique propre à maintenir la surprise, comme dans *Le zèbre* d'Alexandre Jardin.

La différence des sexes est un élément irréductible, bien loin de la complétude que les mythes nous transmettent, comme celui décrit par Platon dans *Le banquet* : les *androgynes*, êtres sphériques à deux sexes, coupés en deux par la colère de Zeus, légende qui expliquerait cette recherche de l'autre moitié de soi afin de retrouver l'unité originelle. Un mythe, autrement dit encore une illusion, puisque le mythe est bien davantage l'expression d'un désir, sous la forme d'un récit, que celle d'une réalité. Les hommes et les femmes fonctionnent sur ce semblant, « ma moitié » témoignant à l'évidence d'un désir de fusion, projet de ne faire qu'un d'autant plus illusoire qu'en amour les deux sexes ne se situent pas sur le même versant : les hommes s'y montrent plus aimantés par telle ou telle partie du corps féminin ou de sa parure, donc davantage sur le versant du fétichisme, et les femmes plus sensibles au discours amoureux, plus enivrées par le fait d'être aimées, ce qui les situerait davantage sur le versant de l'érotomanie. On est bien loin ici de ce mythe de l'unité à retrouver.

Et cependant on continue de croire à cette égalité, avec obstination ; le progrès social nous laisserait même penser que l'écart se resserre et qu'en dehors de la différence anatomique irréductible (même lorsque l'on tente de la diminuer par une recherche vestimentaire unisexe), hommes et femmes aspirent aux mêmes fonctions, voire aux mêmes rôles. Mais l'inconscient ne s'en laisse pas conter et se montre extrêmement réactionnaire, restant attaché aux premières expériences infantiles, au trauma inaugural de la découverte de la différence des sexes.

L'amour est donc toujours le fruit d'un malentendu, d'un merveilleux malentendu si l'on pense, par exemple, que la jouissance du partenaire reste énigmatique pour chacun des deux sexes et que les représentations qui l'accompagnent demeurent le plus souvent confinées au plus intime de la fantasmatique individuelle. Tel homme pourra se figurer, au moment ultime, léger papillon fécondant la délicate et fraîche fleur offerte de sa compagne au moment exact où cette dernière, qu'il croira pourtant synchrone à son fantasme, s'imaginera subir les assauts sauvages de quelque primate dans une moiteur tropicale ! Sans aller jusqu'à forcer le trait à ce point, on pourra avancer que si les corps s'emboîtent sur le modèle des métaphores précédemment citées, si en effet les anatomies des deux sexes se complètent, leurs deux univers fantasmatiques, en revanche, sont loin d'être superposables.

Une autre question a elle aussi donné naissance à bien des malentendus : celle du fameux « primat du Phallus », souligné par Freud. Contrairement à ce que l'on pourrait croire, ce concept, qui érige le symbole masculin en signifiant fondamental, n'institue pas le mâle comme espèce dominante et ne fait pas de lui un primate non plus qu'un primat (au sens de « primat des Gaules ») ! Qu'il soit porteur d'un pénis, attribut qui évoque ce signifiant majeur, alors que la femme en est dépourvue, pourrait faire penser que l'homme est plus directement concerné par la dimension phallique que sa compagne, réduite quant à elle au *Penisneid*, l'envie du pénis décrite par Freud, maladie infantile qui lui passerait au moment de son accession au statut d'épouse et de mère. C'est ce qui a longtemps laissé croire au représentant du sexe dit fort que lui seul aurait à se confronter aux enjeux du pouvoir, de l'autorité ou de la conquête.

L'évolution des mœurs, bien que balbutiante au regard de l'histoire de l'humanité (et encore malheureusement circonscrite à une infime partie du globe), change néanmoins la donne. La réussite et l'ambition des femmes dans des domaines autrefois réservés aux hommes, ne peuvent laisser ces derniers indifférents et font souvent vaciller leurs certitudes. Nombre de magazines se font régulièrement l'écho de ce phénomène et évoquent le malaise grandissant d'une population mâle en quête de nouveaux repères, errant en proie au *déprimat* du phallus ! Si jusqu'alors il paraissait évident aux hommes que la flèche phallique indiquait une direction à eux seuls destinée, il leur faut aujourd'hui envisager les choses autrement.

Mais y a-t-il vraiment quelque chose de nouveau sous le soleil ? Cette avancée en matière d'égalité des sexes n'est-elle pas simplement une levée du refoulement sur un aspect singulier de la différence des sexes ? Une dimension que les hommes, dans leur immense majorité, ne voulaient ni ne pouvaient envisager : en ce qui concerne la question du phallus, les deux sexes sont logés à la même enseigne, certes pas de façon superposable mais tout de même dans une certaine symétrie.

Ce qu'une fillette dont j'assurais la prise en charge thérapeutique avait remarquablement illustré par un dessin réalisé au cours de l'une de ses séances, où une foule de petits personnages, au-dessus desquels elle avait écrit alternativement fille-garçon-fille-garçon… étaient représentés, chevauchant tous, sous la forme d'un serpent géant, le même cylindre éminemment phallique…

Souvenons-nous de ce que Freud nous dit du complexe de castration : l'angoisse qu'il développe permet au petit garçon de sortir de l'œdipe, par crainte de perdre son précieux appendice en raison de ses désirs coupables pour la figure maternelle, tandis qu'il permet à la fille d'y entrer, de renoncer à posséder l'organe masculin pour s'orienter vers un pénis de substitution offert fantasmatiquement par le père : un enfant.

Les lecteurs de Freud oublient trop souvent que le père de la psychanalyse, qui fut taxé de machisme et de phallocentrisme, avait pourtant pointé une évidente supériorité de la femme sur son compagnon : elle seule possède anatomiquement les deux sexes, le féminin bien évidemment mais aussi le masculin, fût-il en réduction. Et Lacan, quant à lui, nous a confrontés à une autre énigme, qui opacifie encore la question « Que veut une femme ? » évoquée plus haut. En effet, si l'on suit sa logique lorsqu'il affirme – après Hegel – que « le désir de l'homme c'est le désir de l'autre », autrement dit que l'on ne construit son désir qu'en référence au désir d'un autre, notre premier objet d'amour et d'identification, on aboutit à ce constat troublant : originellement, quel que soit notre sexe, nous avons tous réglé notre désir sur celui d'une femme.

Freud, ne vois-tu pas ?

C'est à une énigme que nous convie Freud en introduisant le dernier chapitre de *La science des rêves* par un récit qui peut sembler, au premier abord, bien mal choisi pour illustrer le propos central de son auteur. C'est en effet en tête du célèbre chapitre intitulé « Psychologie des processus du rêve » – chapitre dans lequel la réalisation de désir comme fonction première du rêve sera posée – qu'il relate le rêve d'un enfant mort réveillant son père par une supplique angoissée :

> « Un père a veillé jour et nuit, pendant longtemps, auprès du lit de son enfant malade. Après la mort de l'enfant, il va se reposer dans une chambre à côté, mais laisse la porte ouverte, afin de pouvoir, de sa chambre, regarder celle où le cadavre de son enfant gît dans le cercueil, entouré

> de grands cierges. Un vieillard a été chargé de la veillée mortuaire, il est assis auprès du cadavre et marmotte des prières. Au bout de quelques heures de sommeil, le père rêve que l'enfant est près de son lit, lui prend le bras, et murmure d'un ton plein de reproche : "Ne vois-tu donc pas que je brûle ?"
>
> Il s'éveille, aperçoit une vive lumière provenant de la chambre mortuaire, s'y précipite, trouve le vieillard assoupi, le linceul et un bras du petit cadavre ont été brûlés par un cierge qui est tombé dessus. »

Si cette énigme, sur laquelle s'ouvre le chapitre, prend consistance au fil du texte, c'est sur le mode d'un paradoxe : c'est en effet à ce rêve placé en frontispice de la dernière partie de son ouvrage que Freud va réserver le traitement le plus léger, voire le plus évasif. Ce rêve, très brièvement analysé, il y revient à plusieurs reprises, laissant chaque fois entendre, espérer, qu'il en viendra à bout, mais chaque fois c'est pour mieux en épaissir le mystère, le définissant dans un même mouvement comme limpide et opaque, transparent et inanalysable !

Suivons Freud dans ses multiples allers et retours à ce qu'il appelle, soulignons-le, le « rêve modèle » :

> « L'explication de ce rêve poignant est assez simple…
>
> … or voici un rêve qui ne pose aucun problème d'interprétation, dont le sens est immédiatement accessible, et cependant nous remarquons qu'il garde encore ce caractère essentiel qui sépare nettement les rêves de la pensée éveillée et exige une explication.
>
> Nous avons placé, au début de ce chapitre, un rêve qui doit nous rappeler une énigme encore non résolue. L'interprétation du rêve de l'enfant qui brûle, que nous n'avons pas, il est vrai, poussée jusqu'au bout, ne nous a pas paru difficile…
>
> Le rêve du père, rêve particulièrement transparent… »

Et Freud de conclure par :

> « Il est vraisemblable que d'autres désirs venant du refoulé nous échappent, puisque nous ne pouvons pas analyser ce rêve. »

Sur cette dernière constatation Freud ne reviendra pas, pas plus qu'il ne réévoquera dans son œuvre le rêve de l'enfant mort.

Une première lecture pourrait nous laisser penser que ce rêve permet à Freud la démonstration aisée d'une multiple réalisation de désir : prolonger le sommeil du père devant l'insoutenable spectacle de son enfant mort et dans le même temps rendre celui-ci vivant de nouveau dans son adresse au père endormi…

> « Ce désir de dormir, ainsi décidé par le préconscient, facilite beaucoup la formation du rêve. Songeons au rêve du père qui, frappé par une vive lumière venue de la chambre mortuaire, conclut que le cadavre de son enfant brûle. Nous avons admis que le fait de tirer cette

conclusion en rêve au lieu de s'éveiller trahissait le désir de prolonger un peu la vie de l'enfant, vu dans le rêve. C'est là une première force psychique… Mais il faut bien voir une seconde force pulsionnelle dans le besoin de dormir qu'avait le père : le rêve prolongeait le sommeil du père en même temps que la vie de l'enfant.

L'enfant mort s'y comporte comme s'il était vivant, il avertit lui-même son père, vient près de son lit et le tire par le bras, comme il a dû le faire dans l'une des circonstances d'où proviennent les propos tenus dans le rêve. Le père a prolongé un moment un sommeil qui satisfait son désir en lui montrant son enfant vivant. Sur la pensée éveillée, le rêve a eu le privilège de montrer l'enfant encore une fois vivant. Si le père s'était réveillé aussitôt, il aurait pour ainsi dire abrégé la vie de son enfant de toute la durée du rêve. »

Au niveau le plus élémentaire, il s'agit donc de prévenir le père du danger réel encouru par le cadavre de son enfant :

> « La lumière très vive avait pénétré par la porte ouverte de la chambre du père endormi et lui avait inspiré la conclusion même qu'il en aurait tirée en état de veille, c'est-à-dire que la chute d'un cierge avait provoqué un incendie près du cadavre. Peut-être même le père s'était-il couché avec la crainte que le vieillard ne sût pas s'acquitter de sa tâche. »

Et c'est de plus un rêve qui, en apparence éloigné de toute réalisation de désir, ne fait cependant pas exception à la règle absolue érigée par Freud :

> « Même ce rêve est l'accomplissement d'un désir… »

Lacan, dans son séminaire sur *Les quatre concepts fondamentaux de la psychanalyse*, ne s'en tient pas à cette explication, et s'il ne manque pas de remarquer le sort particulier que Freud fait subir à ce rêve, c'est pour nous en délivrer un sens : si Freud n'exploite pas cet exemple, dit-il, c'est pour mieux en faire son miel, il le goûte, ce rêve qui évoque à la fois le monde de l'au-delà et le secret partagé entre un père et son fils ; le fils qui, selon Lacan, ne brûle pas des effets d'un cierge renversé mais bien du poids des péchés de son père. Lacan mettra ainsi le récit de ce rêve en regard avec la tragédie d'*Hamlet*.

On pourrait ajouter, dans la perspective ouverte par Freud et développée par Lacan, que ce père tragique, prolongeant la vie de son enfant défunt tout en affrontant le reproche capital de celui-ci par la voie du rêve, ouvre un au-delà à cette production psychique : il lui donne le poids et la noblesse d'un Acte.

Remarquons pourtant qu'à cette occasion Lacan choisit de faire de l'enfant, au sexe indéfini dans le texte freudien, un garçon : il évoque en effet le cadavre veillé par le père comme étant celui d'un fils. Que la nécessité de sa formulation le pousse à ce forçage est une éventualité mais ne peut-on penser également que Freud, qui prend un soin manifeste à ne pas trancher au cours de son récit, induit tout de même le lecteur à faire ce choix dans le contexte de *La science des rêves* ? On sait qu'ailleurs il n'hésitera pas à mettre au jour dans l'un de ses rêves le désir le moins tolérable à la conscience, celui de la mort de son propre fils :

> « … en approfondissant l'analyse, je découvre la tendance cachée que pourrait satisfaire la mort redoutée de mon fils. C'est la jalousie contre la jeunesse, que je croyais avoir complètement étouffée… »

Voilà déjà qui pourrait nous entraîner, lecteurs de la *Traumdeutung* qui savons que son auteur y a analysé nombre de ses propres rêves, à faire de celui-ci un rêve de Freud lui-même et de l'enfant mort un garçon, si nous ne savions qu'ayant dans le même ouvrage explicitement analysé ce désir en lui, Freud n'aurait aucune raison de s'y livrer ici sous une forme déguisée.

Une autre explication, celle-ci plus vraisemblable, serait d'attribuer ce glissement au fait que tous les signifiants majeurs du rêve sont, du moins en français, du genre masculin : père, vieillard, enfant, cadavre, cierge, feu, linceul, bras, et que s'ils ne conduisent pas d'emblée à faire de l'enfant une petite fille, ils laissent l'auditeur dans l'équivoque quant à l'identité du petit cadavre, ce qui n'est pas sans effet au niveau inconscient. La place vide laissée par une mère, son absence criante dans le récit dramatique, en infléchit également la tonalité.

Ces signifiants ainsi articulés, qui peut les produire s'il ne s'agit ni de Freud ni, comme nous allons le voir, du père de l'enfant mort ?

À bien relire cet exemple, tel que Freud nous le livre et en tenant compte de la façon dont il l'introduit au début de ce chapitre, on est soudain frappé par un détail d'importance, bien que souvent inaperçu. Ce rêve, analysé généralement comme étant celui d'un homme, le père même de l'enfant mort, est en réalité celui d'une femme :

> « Je le tiens d'une malade qui l'a entendu raconter dans une conférence sur le rêve… il fit sur cette dame une impression telle qu'elle s'empressa de le rêver à son tour… »

Cette femme, patiente de Freud, apporte à son analyste le récit d'un rêve incandescent dont celui-ci, en le relatant, néglige le sujet désirant. Freud, en effet, expédie d'une ligne le sens que pourrait prendre, dans le cadre de son analyse, le récit de cette patiente ; il dira, comme pour s'en dégager, que celle-ci avait repris des éléments de ce rêve dans le sien…

> « … pour exprimer par ce transfert un accord sur un point déterminé ».

On ne peut guère se montrer plus évasif !

On pourrait pourtant sans crainte affirmer que si dans ce rêve dramatique la flamme du cierge tient un rôle central c'est bien celui d'illustrer un transfert brûlant ! Étonnante impasse de la part d'un Freud qui n'hésitera pas à décrypter ailleurs de semblables images :

> « Le feu n'est pas seulement employé comme le contraire de l'eau, il sert aussi

à représenter directement l'amour, le fait d'être amoureux, enflammé… »

« La bougie est un objet qui excite les organes génitaux féminins, si elle est cassée, si elle ne tient pas bien, cela indique l'impuissance de l'homme. »

Voici donc une patiente de Freud, trouvant le récit de ce rêve entendu propice au point de le rêver elle-même, d'en faire son rêve, afin de le livrer à son analyste, adressant ainsi à ce dernier la supplique « Père, ne vois-tu pas ? Je brûle ! ». Patiente hystérique, à n'en pas douter, mettant en scène avec ce rêve providentiel deux (voire trois) générations, pas moins, d'hommes défaillants, un cierge qui s'effondre à les signifier, et venant de plus faire à Freud l'aveu de son désir insatisfait et par là même de sa jouissance.

C'est ce que Freud ne veut pas entendre, ou ne peut pas encore entendre, avec d'autres patientes comme Dora ou la Jeune Homosexuelle, deux des cas princeps de la psychanalyse avec lesquels il échoua en partie, faute de pouvoir repérer leur véritable objet d'amour. C'est cet impossible qui expliquerait alors, par une autre voie, l'énigmatique traitement qu'il réserve à ce rêve, trésor de signifiants hystériques.

Que ce rêve, dans son statut d'énigme, puisse nous mener sur le versant des péchés du Père comme sur celui du désir de l'hystérique pourrait expliquer sa position si particulière dans l'œuvre freudienne : enchâssé dans un texte lumineux ; c'est en effet un bijou, dans sa fonction de commémoration comme dans son abstraction, et ce qu'il commémore n'est rien de moins que la naissance d'un enfant chéri. Que le rêve d'un enfant mort puisse s'entendre comme célébrant une naissance n'est paradoxal qu'en apparence si nous voyons dans cette naissance celle de la psychanalyse, enfant chéri de Freud.

Souvenons-nous en effet que c'est un événement de cet ordre qui a précipité Freud sur la voie de sa découverte : l'arrêt de la *talking cure* d'Anna O. par Joseph Breuer (coauteur avec Freud des *Études sur l'hystérie*) qui abandonna sa patiente, effrayé par un transfert trop brûlant exprimé par celle-ci sous la forme d'un simulacre d'accouchement. L'enfant mort-né d'Anna O, fausse couche (imaginaire) due aux œuvres (non moins) imaginaires de Breuer avait causé la fuite de celui-ci, s'écartant du chemin que Freud poursuivra seul vers l'étiologie sexuelle des névroses. Référons-nous pour cela à la lettre de Freud à Stefan Zweig du 2 juin 1932 :

> « Le jour où tous les symptômes de la maladie avaient été maîtrisés, il [Breuer] avait été rappelé dans la soirée auprès d'elle et l'avait trouvée dans un état de confusion mentale, se tordant dans des crampes abdominales. Quand il l'interrogea sur ce qui se passait, elle répondit : “C'est l'enfant que j'ai du Docteur Breuer qui arrive.” Breuer à ce moment-là avait en main la clé qui nous aurait ouvert “les portes des Mères”, mais il l'a laissée tomber »

… pour partir, rappelons-le, en second voyage de noces avec son épouse et lui faire un enfant, bien réel cette fois !

Provoquer une nouvelle rencontre de ce rêve avec l'énigme de l'hystérie serait le mettre en parallèle avec le premier rêve de Dora (évoqué dans l'une des *Cinq psychanalyses*). Là également, le désir de l'hystérique, manqué par Freud dans son obstination interprétative vers un certain Monsieur K. qu'il pense à tort être l'objet d'amour de sa patiente, laisse son empreinte. Écoutons-en seulement le début, en écho troublant avec celui de l'enfant mort :

> « Il y a un incendie dans une maison, mon père est debout devant mon lit et me réveille… »

On voit ici à quel point ce fameux rêve de l'enfant mort, présenté par Freud comme une épure, pose de la façon la plus condensée les questions fondamentales de la psychanalyse à l'heure de sa découverte, enfant prodige et prodigue né de la rencontre féconde de Freud avec l'énigme de l'hystérie autant qu'avec l'inépuisable interprétation du rêve.

Il se cognait aux murs, le regard absent, le corps tendu. Toute tentative de lui toucher le bras ou la joue, toute question, toute demande de ma part provoquait chez le petit garçon un mouvement de panique, accompagné de cris stridents. Ce jeune autiste, que je voyais régulièrement dans l'institution où il était pris en charge, laissait désemparé le thérapeute débutant que j'étais : seuls mon silence et mon immobilité ramenaient en lui un semblant de calme. Je choisis alors de feindre une occupation qui m'absorbait et me plongeai dans mes notes en fredonnant. Son agitation cessa aussitôt et il s'approcha de moi, tendant l'oreille, apaisé par la mélodie qui s'échappait de mes lèvres.

À l'époque je composais des chansons… aussi je tentai ce jour-là d'exprimer ce que je savais de lui, de son histoire, de sa vie fami-

liale, sous la forme d'une comptine : des mots simples déposés sur une mélodie inventée dans l'instant. Je lui adressai sous une forme musicale ce que je percevais de son quotidien marqué par l'angoisse, par sa peur de l'autre. Pour la première fois il accepta d'entendre cette vérité qui le concernait sans la recouvrir par des hurlements, sans se boucher les oreilles ou tenter de sortir de la pièce, comme il avait coutume de le faire en pareille circonstance.

La chanson créait un espace dans lequel, enfin, l'enfant douloureux et moi pouvions nous rencontrer.

Une chanson qui nous ressemble[1]

L'air qu'il fredonne est aussi indispensable à l'enfant que l'air qu'il respire : cette constatation relève d'une évidence. Une telle évidence, c'est bien connu, rend aveugle, ou sourd : c'est ce qui est arrivé aux disciples de Freud, découragés dans l'exploration de cet art par la prétendue aversion de leur maître pour la musique, réduisant celle-ci au rôle de traductrice des émotions, pur imaginaire, bien loin de la noble dimension symbolique.

Il est pourtant dans le domaine des acquis un rendez-vous qui ne sera manqué par personne : tout individu, celui-là même qui

---

1. Sujet développé dans deux de mes ouvrages : *Psychanalyse de la chanson*, Hachette Littératures, 2004. Et *Chantons sous la psy*, Hachette Littératures, 2002.

n'aura subi aucune influence artistique, rencontrera et apprendra des chansons, dès le début et tout au long de son existence. Elles donneront certes une première forme à ses émotions mais surtout elles faciliteront son accès à la parole. Il s'agit là d'un passage obligé pour l'humain. C'est en tout cas un trait qui distingue radicalement la chanson, comme forme d'expression, du reste des productions artistiques : on pourra passer à côté de Mahler, Calder ou Mondrian, on pourra ne jamais croiser Racine ou Shakespeare, on n'évitera ni *Les feuilles mortes* ni *Scoubidou*.

« En France, tout finit par des chansons », a-t-on coutume de dire et il serait bien tentant de transformer le célèbre dicton en : « Enfance, tout commence par des chansons », formule qui traduirait une réalité psychique. La chanson, notre première nourriture, ce stimulant dans lequel nous avons puisé autant de force que dans le sein maternel, serait donc une nécessité vitale, une sorte de « voix lactée » ?

Cette inévitable rencontre avec la chanson est sans doute due au mécanisme primaire auquel elle fait appel : issue d'un processus mental qui ne doit rien à la réflexion ni à l'intellect, elle ne nécessite aucun effort d'apprentissage, son impact est immédiat. Si elle imprime aussi directement ses effets sur notre sensibilité elle doit ce résultat – entre autres – à la répétition qui la fonde et aux rythmes simples sur lesquels elle s'appuie. En cela elle fait écho aux nombreux rythmes auxquels obéissent les fonctions vitales et les besoins de notre corps.

Si notre caractéristique essentielle en tant qu'êtres humains – donc êtres parlants – est d'avoir accès au langage, d'être les sujets d'une parole qui organise chacun de nos processus de pensée, n'oublions pas pour autant que cette parole est incarnée, qu'elle émane d'un corps sur lequel en retour elle produit des effets. Ce corps est soumis à des rythmes exigeants, exacts et répétitifs ils en scandent le fonctionnement. Le psychisme n'échappe pas à cette règle : ainsi que nous l'a enseigné Freud, les pulsions, comme leur nom l'indique, et l'inconscient lui-même, avec ses moments alternés d'ouverture et de fermeture, obéissent eux aussi à cette rythmicité.

Notre fonctionnement physiologique, ainsi que psychique, est donc tout entier soumis au rythme, inspiration-expiration, veille-sommeil, tension-apaisement… créant un emboîtement de mécanismes de répétition. C'est sans doute ce qui fait que toute nouveauté dans le domaine de la chanson nous paraît rapidement familière. Notre corps, sollicité par un mode d'expression qui lui emprunte à tous niveaux sa caractéristique essentielle, suit aussitôt son rythme en se balançant. Par sa structure même, la chanson nous berce : c'est là l'une de ses vocations premières.

Elle est en effet construite sur un rythme insistant, de même que sur des mécanismes de répétition – dont celui de la mélodie et du texte –, et ce trait qui la caractérise trouve son écho dans le fonctionnement de notre corps. Mais ce trait répond dans le même temps à une aspiration typique de la psyché humaine, que Freud a su repérer : l'aspiration infantile au retour du même. C'est une semblable exigence qui impose au conte de fées d'être raconté avec des accents identiques, à la virgule près, faute de quoi l'enfant n'y trouve pas l'apaisement attendu. Voilà pourquoi le texte de la chanson, aussi simpliste soit-il – chargé ou non de sens, poétique ou prosaïque –, demeure un impératif, inséparable de la mélodie, et pourquoi l'association des deux, dès l'époque de la berceuse, satisfait pleinement chez l'homme à cette exigence de retour du même.

Dès sa période intra-utérine le petit d'homme commence son existence en chanson. La vie du fœtus, nous le savons aujourd'hui, est riche de perceptions et d'émotions alors qu'on la supposait, à une époque pas si lointaine, paisiblement vouée au silence des organes. L'enfant à venir n'est pas cette sphère de pur narcissisme, à l'abri des rumeurs du monde. Des études récentes nous ont permis de nous faire une idée de l'environnement sonore dans lequel il baigne, loin d'une totale quiétude mais au contraire rythmé de façon intense par les bruits de l'activité digestive et par les battements du cœur maternel, plus lents que ceux du fœtus et produisant dans leur rencontre avec ces derniers un rythme syncopé.

Ainsi il est maintenant admis que le fœtus peut recevoir une partie du spectre de la voix maternelle, entendue et reconnue par lui essentiellement grâce à son intonation : traits qui présentent toutes les caractéristiques d'une mélodie.

Il est remarquable qu'au cours des âges, les hommes n'aient pas attendu que les progrès de la science leur apprennent ce qu'il en est de la vie perceptive et affective du fœtus pour intégrer à leur comportement un mode de communication avec l'enfant en gestation : nous savons que les Tziganes, pour ne citer qu'eux, ont pour tradition de jouer du violon devant les futures mères, afin que l'enfant, à sa naissance, soit déjà imprégné de l'âme de sa culture.

Un psychanalyste qui s'est beaucoup penché sur la question, Bernard This, a ajouté à ces observations une remarque essentielle : in utero, l'enfant ne distingue pas seulement la voix maternelle, il perçoit également la voix paternelle, double perception qui contribue à son bien-être fœtal et à son épanouissement ultérieur d'enfant. Le fœtus peut entendre bien des bruits et même distinguer les différences de tonalité qui caractérisent les voix masculines et féminines. Indication précieuse que celle-ci : si la tonalité grave de l'organe du père et celle plus haute de celui de la mère ainsi que les battements du cœur maternel sont clairement dissociés pour l'oreille de l'enfant à naître, nous pouvons alors supposer chez celui-ci, déjà installée in utero, la matrice de ce qui fait l'essentiel de toute construction mélodique : rythme, ligne de basse (le modèle de la voix paternelle), deux bases sur lesquelles s'appuie et se développe la mélodie elle-même (la voix maternelle), mélodie que viendront ultérieurement épouser des paroles pour donner à celle-ci la forme définitive d'une chanson.

Et le parallèle ne s'arrête pas là : dès après la naissance, ce sont les premières relations verbales directes parents-enfant qui s'installent, pour être aussitôt marquées par un phénomène qui a valeur d'universalité : le père, comme la mère, haussent leur voix d'un ton pour s'adresser au nouveau-né, s'accordant sur le mode d'expression de ce dernier, ce que les auteurs anglo-saxons ont baptisé du terme de *baby-talk*, et ce faisant, les parents accompagnent toute parole à son égard d'une ligne mélodique : l'adulte chante bien plus qu'il ne parle lorsqu'il s'adresse à l'enfant.

Ainsi les premières expériences de communication de celui qui vient au monde, ses premières perceptions, ses premières rencontres avec la tendresse de ses parents, se feront sur le modèle de ce que nous avons coutume d'appeler une chanson : des phrases simples, répétitives, associées à une mélodie facile, mode d'expression que viendront renforcer les berceuses qui aideront à son endormissement. Ce n'est donc pas un hasard si l'enfant lui-même fait ses premières tentatives de jeu avec le souffle et expérimente ses premiers phonèmes d'une façon qui évoque la chanson dans sa forme la plus élémentaire : *baby-talk* ou bien encore « lallation » sont en effet des termes chantants qui montrent bien ce que le domaine du préverbal doit à la musique.

Ce n'est donc pas la parole elle-même, mais bien davantage la mélodie inscrite dans la parole, qui préside pour l'enfant à son séjour dans l'utérus maternel. Dans un second temps, les paroles inscrites sur la mélodie – c'est-à-dire la chanson – marqueront ses premiers échanges langagiers avec son entourage. Avant sa naissance, les circuits de la parole qui ont déjà saisi l'enfant à venir dans leurs rets, lui sont parvenus atténués, physiologiquement comme symboliquement, sous la forme de leur seule mélodie. La mélodie peut en effet être considérée comme le sens de la musique : murmure lointain de l'ordre symbolique, chargée de signification, elle a rythmé la vie du fœtus et a fait fonction pour lui de premier temps lors de son inscription dans l'ordre du langage.

Le second temps, celui qui suit sa naissance, va voir l'enfant soumis directement aux stimulations verbales de son entourage, son existence davantage incarnée et tangible l'exposant un peu plus encore à l'influence du verbe. Les discours qui lui sont alors adressés ne seront plus filtrés, ni par la paroi abdominale ni par le liquide amniotique, mais trouveront leur place sur la mélodie : l'environnement qui jusque-là fredonnait va maintenant lui chanter à pleine voix sa chanson. Une chanson d'amour, dans le meilleur et le plus général des cas. Sur la mélodie d'avant la venue au monde des mots s'inscrivent en mesure, qui vont poursuivre leur ouvrage : donner naissance à un sujet.

L'enfant, cet auteur-compositeur en herbe qui expérimente ses assemblages de sons, est donc bien un être chantant. Son histoire est ainsi faite : bercé par la mélodie des paroles qui lui furent adressées pendant la gestation, le petit d'homme a reçu dès après sa naissance son baptême d'entrée dans la langue sous la forme d'une chanson, des mots harmonieusement déposés sur une portée et murmurés par des voix séductrices.

Pour emprunter au vocabulaire technique employé dans les studios d'enregistrement, on pourrait dire que c'est sur un « playback » préenregistré que la chanson parentale sera interprétée ! L'enfant en reconnaîtra et en assimilera d'autant mieux les paroles qu'elles seront à l'évidence faites pour épouser une mélodie dont il a gardé le souvenir, pour ne pas dire la nostalgie.

Voilà ce qui peut nous permettre d'affirmer que les plaisantes ritournelles qui nous accompagnent dans tous les moments de notre vie, loin de constituer un négligeable épiphénomène de la culture, représentent au contraire une nécessité intime pour l'être de parole. C'est ce qui expliquerait leur statut privilégié parmi les arts populaires, leur importance au cœur de notre histoire personnelle et pourquoi elles viennent toujours à point nommé accompagner de leurs couplets nos émotions et notre découverte de l'univers. C'est ainsi que pourrait s'éclairer l'attachement indéfectible que manifeste l'homme à la chanson, même lorsque cette dernière revêt la forme la plus primaire, voire la plus bêtifiante d'une rengaine à la mode. Avec un plaisir inaltérable, sur le modèle de ses premiers émois, l'enfant devenu grand retrouvera dans la chanson, tout au long de sa vie, ce qui fut la matrice de son appréhension du monde et de sa rencontre avec la parole. Toute production dans ce domaine lui apparaîtra aussitôt comme familière, connaissance qui sera en fait une reconnaissance.

L'homme est un être de parole, formule qu'il faut entendre *stricto sensu*. L'homme est « de parole » comme l'arbre est de bois, comme la statue est de pierre. C'est sa matière, ce qui le constitue. Cette idée sous-jacente à toute l'œuvre de Freud est le fil rouge d'une découverte dont Lacan s'est inspiré pour en radicaliser la thèse. Pour lui, du moins dans les débuts de son enseignement, tout est langage et l'enfant vient au monde dans un univers de signifiants qui le constitue comme jeune sujet. C'est ce que Lacan a appelé la dimension du Symbolique, celle qui vient recouvrir le Réel du monde, du corps, du sexe, de la mort même, à la manière d'un filet dont l'être parlant est également prisonnier. Si les mots n'existaient pas pour en circonscrire les contours, ce réel serait terrifiant et les limites précises, ces contraintes que le langage impose à notre fonctionnement psychique, sont en fait les garanties de notre bonne santé mentale.

Mais un filet, aussi serrées soient ses mailles, n'est jamais qu'un tressage, il laissera s'échapper ses trop petites prises. Il en est de même de la dimension du Symbolique, ce qui amènera Lacan à affirmer que dans l'acte de parole on ne peut que « mi-dire ». Le langage ne peut tout recouvrir, une part de réel toujours lui échappera. Fidèle à cette logique, c'est ce que nous dit le psychanalyste Michel Sylvestre dans un article consacré au difficile problème de l'autisme : « Le dire ne se dit pas, précisément. Il y a toujours une perte entre ce qui est à dire et ce qui est dit. Cette perte ne se rattrape pas complètement dans le fait de continuer à parler. Donc c'est vrai qu'il y a un hors-langage. Mais en même temps, il faut dire qu'on n'a que le langage pour le dire. »

La nécessité de nommer, de symboliser fait corps avec notre condition humaine. Alors que faire de ce qui va immanquablement nous échapper ? Comment supporter cette perte évoquée par Michel Sylvestre ? Fort heureusement le langage sait prendre sa revanche sur ce qu'il ne peut pas dire, il possède ses ruses, ses inventions pour cerner toujours d'un peu plus près le monde qui nous entoure et nous éviter l'angoisse de l'innommable. Ces ruses s'appelleront allusion, évocation, licence poétique, équivoque. Il en est bien d'autres encore, parmi lesquelles la création de mots « hors sens ». Tous ces artifices permettront de resserrer la nasse dans laquelle viendront se prendre ces bouts de réel a priori incernables. La mélodie aura elle aussi un rôle majeur à tenir dans l'expression de l'indicible, de la perte : si le langage pouvait tout dire, la musique existerait-elle ?

La chanson apportera son secours à cette appréhension du réel et les services qu'elle nous a rendus lorsque nous ne possédions que des rudiments de parole pour exprimer notre ressenti seront les bienvenus de longues années plus tard, face à nos nouvelles difficultés : la rencontre avec l'autre sexe, la mort, les questions métaphysiques. Avec un gain de plaisir et une considérable économie d'énergie psychique nous retrouverons, au cœur des plus innocentes chansons, nos chères onomatopées, nos inventions hors sens, nos interrogations essentielles.

On voit que dans cette perspective la chanson ne peut plus être considérée comme une agréable distraction, mais bien comme un indispensable médiateur. Non seulement elle préside à la rencontre avec l'autre mais elle structure le monde intérieur de l'enfant et sa vie pulsionnelle, jouant ainsi pour son psychisme un rôle fondateur. L'aspect facilitant de ce mode d'expression ouvre en douceur au petit d'homme le problématique accès à la parole, aux apprentissages, à la connaissance du corps. Sa fonction dans les tout débuts de la vie en fait également le véhicule idéal de la mémoire : en effet on n'oublie jamais une chanson, son pouvoir évocateur est tel que la plupart de nos souvenirs restent liés au refrain emblématique d'une période de notre vie.

Plus tard et dans d'autres domaines la chanson se révélera aussi précieuse : immédiatement familière elle défiera la censure, rassemblera les chœurs dans la délicieuse illusion de ne faire qu'un, à la façon d'une catharsis elle favorisera la levée du refoulement sur des foules unies autour de leurs idoles, elle fédérera, encouragera, continuera d'apporter à l'adulte le soutien indéfectible qu'il trouva en elle dès sa petite enfance.

Voilà pourquoi il n'est pas exagéré d'affirmer que la chanson, considérée par beaucoup comme culturellement négligeable, est au contraire, quand elle nous chante et nous fait advenir, un art peut-être mineur mais voué à nous rendre majeurs.

Combien de fois ai-je entendu dire que tous les psys étaient fous ! Lassé de m'en défendre, j'ai pris l'habitude de répondre que cette affirmation était en partie justifiée et qu'on ne choisirait pas de se coltiner la misère psychique du monde, ni de passer ses journées l'oreille tendue vers les blessures des autres si l'on n'avait pas soi-même traversé l'expérience de cette difficulté d'être… Il serait d'ailleurs plus juste de dire que les psys sont tous d'anciens fous… à ceci près que les fous en question (qui sont plutôt des névrosés ordinaires) ont choisi de se mieux connaître et de savoir faire avec leur symptôme avant de proposer leur écoute à ceux qui viendront les consulter…

Une autre pointe souvent entendue, adressée à la psychanalyse par ses détracteurs, est que

Freud n'aurait produit que des théories fumeuses… Ceux qui l'affirment ne mesurent pas, eux non plus, à quel point ils disent vrai, si l'on pense au rôle essentiel que joua le fameux cigare, inséparable de l'image du maître, dans l'élaboration des concepts de la psychanalyse…

Freud, grand fumeur devant l'Éternel[1]

« J'ai commencé à fumer à vingt-quatre ans, d'abord des cigarettes puis très vite exclusivement des cigares : je fume encore aujourd'hui à l'âge de soixante-douze ans et demi et répugne beaucoup à me priver de ce plaisir. Entre trente et quarante ans j'ai dû cesser de fumer pendant un an et demi à cause de troubles cardiaques qui furent peut-être causés par les effets de la nicotine, mais qui étaient probablement les séquelles d'une grippe. Depuis je suis resté fidèle à cette habitude, ou à ce vice, et j'estime que je dois au cigare un grand accroissement de ma capacité de travail et une meilleure maîtrise de moi-même. Mon modèle en cela a été mon père qui fut grand fumeur et l'est resté jusqu'à l'âge de quatre-vingt-un ans. »

1. Sujet développé dans mon ouvrage *Pas de fumée sans Freud*, Hachette Littératures, 2002.

Ainsi répondait Freud, en 1929, à un questionnaire adressé à de nombreuses personnalités sur leurs habitudes tabagiques.

On sait à quel point les audaces théoriques du père de la psychanalyse sont nées d'une plongée au cœur des manifestations de son propre inconscient, rêves ou actes symptomatiques, énigmes devant lesquelles il n'a jamais reculé, aussi troublante ou choquante que fût la révélation qui devait s'en dégager. Il est fort peu de domaines où l'audace de Freud ne se soit manifestée : outre la clinique des névroses et des psychoses, son regard a éclairé bien des mystères de la création artistique, donné du sens à la destinée de bien des grands hommes, révélé la face inconsciente de bien des phénomènes de société. Et cependant il s'est évité cette démarche, pourtant intimement liée à sa nature de découvreur, à propos du tabac, substance absolument indispensable – de son propre aveu – à son existence et à son travail d'élaboration. Il n'écrira aucun texte sur ce sujet, ne fera pratiquement aucune allusion théorique à cette addiction, ne tentera pas une explication qui, trouvant son origine dans son cas propre, aurait pu prendre valeur d'universalité. Le tabac restera l'inanalysé freudien.

Tout au long de son existence il faudra à Freud un interlocuteur, mais aussi un cigare pour que son processus créateur parvienne à maturité. D'un côté l'ami de cœur, le correspondant admiré, le disciple ; de l'autre le Perle, le Reina-Cabaña, le Soberanos ou le Trabuccos. Et autour du maître, à proportion de celui des fidèles, le cercle des psychanalystes fumeurs s'est agrandi. L'écoute, la parole, la fumée : une trinité qui non seulement va marquer pour les siècles à venir l'imaginaire entourant la pratique de la psychanalyse, mais encore présidera à son élaboration même.

Freud est un consommateur de tabac passionné. Il découvre à vingt-quatre ans le plaisir de la cigarette mais il se livre également à une consommation assidue de cocaïne, à laquelle il ne renoncera qu'en constatant les ravages qu'elle produit sur certains de ses contemporains. Elle lui donne cependant l'occasion de la publication de son premier essai : *Über coca.* Angoissé et phobique, il recourt à cette substance lors de situations anxiogènes et en devient très vite un prosélyte enthousiaste, avant que le risque d'accoutumance et les méfaits de cette drogue sur son ami Fleischl le fassent reculer. Il se reporte alors sur le cigare pour en faire le compagnon obligé de tous les moments de sa vie et le stimulant indispensable à sa réflexion. Il fume sans retenue et parvient assez vite au rythme moyen d'au moins vingt cigares par jour. Sur cette exigence de plaisir il ne cédera jamais, même lorsque l'atteinte de sa mâchoire se manifestera et que ses médecins lui confirmeront le rôle actif de la nicotine dans un processus destructeur dont il se fera à la fois la victime et l'agent.

Malgré l'importance extrême du tabac dans la vie de Freud seules quelques lignes au cœur de l'ensemble de son œuvre « officielle » évoqueront le plaisir tabagique, décrit par lui comme dérivé de la masturbation, elle-même dérivée de la succion, ou plus précisément de l'activité de « suçotement » du tout-petit. Fort peu de chose en vérité, comparé à l'ensemble de son œuvre ! En revanche, si l'on plonge dans l'immense correspondance qu'il a entretenue avec ses proches, ses disciples ou les plus grands esprits de son temps, on constate que la question du tabac y apparaît de façon récurrente, non pas sur le mode d'une tentative d'élucidation mais plutôt comme aveu de soumission à un maître tyrannique. Au fil de ces lettres on peut voir l'inventeur de la psychanalyse faire le constat de l'indispensable apport de cette substance à son élaboration théorique, se plaindre de ses soucis d'approvisionnement et manifester son inaltérable attachement à la jouissance tabagique.

Reconnaissant son impérieux besoin, certes, mais nullement analyste de ce besoin, Freud ne se livrera jamais à une mise en perspective de sa passion tabagique avec sa propre histoire : sans doute l'histoire d'un enfant suçoteur, si l'on en croit son hypothèse !

Cette emprise du tabac sur Freud – dont il ne tentera jamais de dégager le sens – aura, à son insu, des conséquences d'une importance extrême sur la naissance de la science psychanalytique. Elle jouera le rôle d'un moteur de recherche influençant ses concepts mêmes, tels le transfert ou la règle d'abstinence, au point de constituer, sur certains sujets particuliers, une théorie « tabagique » du Moi ou de l'objet fétiche, pour ne citer que ces deux points.

Stimulant intellectuel sans aucun doute mais aussi *Arbeitsmittel*, selon son propre terme, c'est-à-dire « substance de travail », la théorie freudienne, tout au long de ses avancées, s'est nourrie des vapeurs du tabac. L'*attention flottante*, recommandée par Freud comme mode d'écoute permettant de ne privilégier aucun des contenus du discours de l'analysant, ne serait-elle pas également à rapprocher de l'acte du fumeur, absorbé dans la contemplation des volutes et réfugié dans le relatif retrait favorisé par la consommation d'un cigare ?

Le tabac outil de réflexion trouve sa place sur la table de travail au même titre que les outils d'écriture, selon le propre aveu de Freud :

> « J'ai beaucoup simplifié le bureau sur lequel j'écris… à droite une coupe contenant des stylos, à gauche une autre pleine de cigares ! »

Et l'absence de tabac provoque irrémédiablement l'arrêt du processus créateur, comme en témoignent ces quelques lignes, écrites lors d'une (provisoire) période d'abstinence :

> « D'avoir renoncé à la douce habitude de fumer a grandement diminué mes intérêts intellectuels. »

> « Du reste, je vis encore et comme je ne fume pas, je n'écrirai presque plus rien, excepté des lettres. »

Le tabac est donc considéré par Freud lui-même comme le stimulant indispensable à son processus créateur, mais il semblerait que la place majeure qu'il occupe dans son économie libidinale ait amené le cigare à jouer un rôle fondamental non seulement dans l'élaboration, mais également dans la logique interne de cette théorie, à infiltrer cette dernière pour produire une théorie « tabagique » de l'inconscient.

Les exemples sont nombreux, dans l'œuvre de Freud, où peut se repérer l'influence du tabac sur la recherche théorique. Que l'on pense simplement à la fameuse scène du jeu d'un enfant avec une bobine, passée à la postérité sous le nom du « Fort-Da », cette séquence qui prend place au cœur du texte *Au-delà du principe de plaisir*, texte dans lequel Freud introduit la notion de pulsion de mort. Ce jeu consistait pour son petit-fils – puisque nous savons aujourd'hui que c'est lui dont il s'agit – à expédier au loin une bobine retenue par un fil en s'écriant « o-o-o » (*Fort*, soit « loin »), puis à la ramener à lui en saluant son retour par un *Da !* (« La voilà ! »). Freud nous l'a démontré : par l'intermédiaire de ce jeu symbolique l'enfant maîtrisait départs et retours de son objet d'amour, sa mère. Mais les mouvements de la bobine pourraient nous lancer sur une autre piste, tabagique cette fois, en nous évoquant l'un des traits les plus remarquables de l'activité d'un fumeur, ces allers et retours incessants de l'objet, éloignements et rapprochements répétitifs caractéristiques du geste du consommateur de tabac. L'inspiration et l'expiration elles-mêmes ne représentent-elles pas de façon idéale l'incorporation puis le rejet de l'objet, *Fort* ponctuant le panache de fumée projeté à l'extérieur et *Da* saluant le retour de la chaude satisfaction à l'intérieur du corps ?

On le voit, il n'est pas impensable que la consommation de cigares ait eu pour Freud, à côté de l'observation de l'enfant, son rôle souterrain à tenir dans la rédaction de ce célèbre chapitre. Et ne nous aurait-il pas fourni par cet intermédiaire un début d'explication du plaisir tabagique, jeu symbolique à l'image du jeu de la bobine et permettant à l'adulte une emprise possible sur ses objets perdus ?

Au-delà du principe de plaisir, texte dans lequel Freud introduit pour la première fois le concept de « pulsion de mort », a été écrit au moment où se manifestaient chez lui les premières atteintes du mal qui devait l'emporter, provoqué et attisé par sa consommation excessive de tabac. Cette dernière n'aurait-elle pas également participé, de manière tout à fait inconsciente, à l'élaboration de cette pulsion de mort qui suscita tant de remous dans la communauté analytique de l'époque ?

Après 1923, une fois son atteinte cancéreuse du palais déclarée, Freud changera de position quant au rôle déclencheur et activateur du tabac dans l'aggravation de son mal, adoptant, fait inusuel chez lui et troublant pour ses proches, un comportement à la fois de reconnaissance et de déni. Dans cette même période, sa vision du rôle du Moi dans l'économie psychique se transformera, cette instance unificatrice et forte devenant dès lors clivée et porteuse de tendances contradictoires, à l'image du comportement de Freud face au tabac.

Cette évolution était annoncée dans *Au-delà du principe de plaisir*, où Freud affirmait l'existence d'une importante part inconsciente du Moi.

Ce remaniement se confirme dans son approche du fétichisme, approche influencée elle aussi par le rapport de Freud au tabac. On sait que l'explication freudienne du comportement fétichiste chez l'homme situe l'origine de cette singularité sexuelle dans un nouage étroit de reconnaissance et de déni de la castration féminine. Le petit garçon, terrifié par la menace que ce manque chez la mère représente pour lui, cherche à maintenir, en dépit de la réalité de sa perception, l'existence d'un pénis maternel, obstination qui pourrait avoir pour formule un : « je sais bien mais quand même… ». Au moment de l'écriture de son article Freud souffre depuis cinq ans déjà de la maladie qui l'emportera douze ans plus tard. Il ne renonce pas pour autant à fumer, malgré le rôle que cette addiction joue dans l'évolution de sa maladie et en dépit des avis médicaux. La place du tabac dans la vie de Freud, plus singulière encore en cette période de maladie où il reconnaît et nie à la fois l'influence du tabac sur son mal, pourrait-elle avoir exercé une influence sur l'apparition de cette nouvelle théorie dans laquelle le Moi du fétichiste perd de sa force unificatrice et se divise face à l'objet ?

Le nouveau Moi freudien, ni synthétique ni synthétisant, clivé par nature chez chacun, divisé par l'objet du désir, est devenu quelques mois avant la mort de Freud une énigme où vacillent les certitudes d'autrefois. La déchirure « inguérissable » de ce nouveau Moi évoque, dans l'après-coup, ce mal « incurable » dont souffrit son théoricien, fumeur impénitent, lui-même clivé dans son rapport au tabac. On voit comment, à l'insu de Freud et dans la période la plus douloureuse de sa vie, la formulation de ces questions précieuses pour la psychanalyse d'aujourd'hui fut très probablement soumise à l'influence de sa tabagie.

Le tabac, s'il fut instrument de jouissance, stimulant intellectuel, indispensable adjuvant à l'élaboration d'une science nouvelle, fut également pour Freud instrument d'autodestruction. De quelle immense culpabilité, de quelle insolvable dette dut-il à son insu s'acquitter, et au prix de quelle souffrance ? Seul peut-être le mythe de Prométhée peut nous permettre d'en saisir les racines inconscientes : le supplice du Titan coupable d'avoir dérobé l'étincelle divine pour en faire don aux hommes, Freud l'aurait-il subi, à sa façon, en paiement de sa découverte copernicienne ? Révélation d'une vérité dont, tel l'inconscient, la destinée est de s'avancer masquée, franchissement des tabous d'une société enfermée dans ses préjugés, apport de la lumière susceptible d'éclairer l'humaine condition, autant d'interdits qu'un névrosé, fût-il Freud, ne peut franchir sans en attendre un terrible châtiment.

> « Il faut admettre qu'un sentiment de culpabilité reste attaché à la satisfaction d'avoir si bien fait son chemin : il y a là

> depuis toujours quelque chose d'injuste et d'interdit. Cela s'explique par la critique de l'enfant à l'endroit de son père, par le mépris qui a remplacé l'ancienne surestimation infantile de sa personne. Tout se passe comme si le principal, dans le succès, était d'aller plus loin que son père et comme s'il était toujours interdit que le père fût surpassé. »

Freud a décrit avec sa rigueur habituelle cette dimension de la dette et de la culpabilité dans un texte intitulé *Un trouble de mémoire sur l'Acropole*, texte dans lequel il décrit le malaise qui le saisit à la vue de la cité d'Athènes, cette ville légendaire que la modeste condition de son père lui aurait interdit de visiter. Cette culpabilité fut-elle à la mesure de sa découverte prométhéenne, c'est-à-dire immense ? Sans doute, si l'on songe à l'un de ses ineffaçables souvenirs d'enfance, lorsque, à peine âgé de six ans, il fut surpris par son père alors qu'il urinait sur un tapis. Jacob Freud, dans sa colère, aurait alors lancé à son fils une sentence, à entendre comme une condamnation :

> « Mon père remarqua dans le sermon qu'il me fit : "Ce garçon n'arrivera jamais à rien !" Cela dut être une terrible mortification pour mes ambitions, car des allusions à cette scène reviennent constamment dans mes rêves et se combinent régulièrement avec une énumération de mes exploits et succès, comme pour dire : "Tu vois, j'arrive à quelque chose." »

Ainsi Freud a fait mentir la prophétie de son père et ses rêves le lui reprochent constamment, car il ne fait aucun doute que le petit Sigmund est « arrivé à quelque chose », surpassant ô combien, dans sa réussite, le modeste négociant de Freiberg et inscrivant à jamais son nom dans l'Histoire.

Ce portrait d'un fumeur, même s'il s'agit d'une figure aussi prestigieuse que celle de Freud, peut-il nous aider à dégager une part des motivations inconscientes qui amènent tout consommateur de tabac à la dépendance ? Probablement, car l'homme Freud, aux prises avec son inconscient, était avant tout un homme, en proie au doute, aux vacillations et aux angoisses que tout névrosé ordinaire rencontre sur son chemin. On l'a vu : pour l'inventeur de la psychanalyse, le tabac eut une importance fondamentale, assurant plusieurs fonctions, dont la lutte contre l'angoisse, une meilleure maîtrise de soi, une intensification des capacités intellectuelles.

Ces fonctions, le tabac les assure auprès de chacun de ceux qui se livrent à sa consommation et cela même lorsque leur destinée n'atteint pas les cimes sur lesquelles Freud s'est hissé…

L'aspect de lutte contre l'angoisse semble relativement limpide : chacun a pu repérer à quel point le geste du fumeur s'intensifie face à toute situation anxiogène, à la recherche de la bouffée salvatrice. La maîtrise de soi, ne serait-ce que par le biais d'une réassurance narcissique, semble également une évidence : l'élégance du geste, la faculté de recentrement sur soi sont à mettre à l'actif du cigare ou de la cigarette. L'accroissement des capacités intellectuelles peut également s'entendre à la fois sur le versant biologique et sur le versant psychique. La nicotine, par son extraordinaire rapidité d'assimilation, produit sur le cerveau des effets excitants quasi immédiats et le pouvoir de rassemblement des fonctions psychiques que provoque la fumée, propice à la rêverie autant qu'à la concentration, facilite toute tâche purement intellectuelle.

Nous savons que le tabac apporta également à Freud son concours dans sa quête phallique de créateur, se plaçant au service de son ambition et de son accession à la notoriété. Il fut pour lui, de plus, un pôle identificatoire au père et un outil d'autodestruction, venant apporter ses bons offices à la satisfaction des exigences de la culpabilité inconsciente.

Il pourrait bien, là aussi, en être de même pour chaque fumeur, qu'il soit homme ou femme, lorsque la cigarette prend la forme d'un attribut phallique incandescent, venant compléter la main et suppléer de façon provisoire au manque originel situant les deux sexes en position symétrique par rapport à ce signifiant maître, le phallus.

Le pôle identificatoire que propose la cigarette se repère quant à lui dans l'aspect initiatique que revêt la première cigarette, rite d'entrée dans le groupe des adolescents, accession à des critères imaginaires de conformité. Un aîné, un parent qui fume constitue souvent pour l'enfant un modèle à imiter, mais aussi à dépasser en franchissant la barrière d'un interdit : les débuts d'une activité de fumeur se déroulent au sein du groupe des pairs et quasi systématiquement en dehors du regard des parents.

Quant à l'aspect outil d'autodestruction, il ferait de tout fumeur le digne héritier du mythique Prométhée, au travers de la transgression que représente toujours la première cigarette par rapport aux interdits parentaux et sociaux et du risque vital intimement mêlé au plaisir de fumer, rappelé sur tous les paquets comme un défi à relever. En effet, le Titan châtié par Zeus transportait le feu dérobé aux dieux dans un bâton creux, étrangement proche, dans sa forme et dans sa fonction, du cigare ou de la cigarette. Il paraît aujourd'hui évident que la dimension du risque fait partie intégrante du plaisir de fumer, qu'elle y est aussi intimement liée qu'Éros peut l'être à Thanatos, ce qui rend d'ailleurs extraordinairement complexe toute campagne de prévention axée sur les dangers du tabac, dont les messages alarmistes pourraient constituer une incitation inconsciente.

Ces questions essentielles que pose la pratique du fumeur se divisent en ramifications qui nous conduisent logiquement au suçotement et à la masturbation, préliminaires, si l'on en croit Freud, à l'attrait pour le tabac. Une interrogation subsiste donc, à laquelle les quelques explications piochées dans l'œuvre freudienne pourraient, malgré leur minceur, nous aider à répondre : quel sentiment d'incomplétude amène l'homme à rechercher dès sa venue au monde un objet, ou une pratique, apte à le rassurer ?

> « Ainsi les enfants passent-ils souvent de la succion à la masturbation… Tous les

enfants ne suçotent pas… Si cette sensibilité persiste, l'enfant devenu homme, sera prédisposé à être buveur et fumeur… »

« J'en suis venu à penser que la masturbation était l'essentielle grande habitude, le "besoin primitif" et que les autres besoins, tels ceux d'alcool, de morphine, de tabac n'en sont que les substituts, les produits de remplacement. »

Freud, le grand fumeur, a-t-il vraiment pu écrire ces quelques lignes sans penser à l'enfant qu'il fut, suçoteur à n'en pas douter, si on le suit dans sa propre logique ? Cette logique qui mène de l'oralité du tout-petit quêtant le sein, ou l'hallucinant, à la masturbation, besoin primitif et universel, en passant par l'indispensable intermédiaire, l'identification du sein au pénis. Le premier des trois fameux stades décrits par l'inventeur de la psychanalyse, le stade oral, est celui auquel font référence la plupart des tentatives d'explication du plaisir tabagique qui se réclament de cette science. Une sorte de cliché freudien qui fait de la cigarette un substitut du sein maternel et de la dégustation de la fumée l'équivalent de la tétée. Si cette explication est réductrice – car elle omet de prendre en compte l'anal et le phallique concernés eux aussi par l'acte tabagique –, elle n'en recèle pas moins sa part de vérité. À la dyade suçotement-masturbation pourrait donc en toute logique s'ajouter un troisième terme, suggéré par Freud, l'ancien enfant suçoteur : la consommation de tabac.

De ces trois stades du développement psychique décrit par Freud, l'oral, l'anal et le phallique, le premier est sans doute celui qui laisse les traces les plus évidentes dans les comportements ultérieurs. En effet l'oralité de l'enfant devenu adulte reste le plus souvent centrée sur l'organe qui s'en est fait l'incarnation et c'est bien la bouche qui témoigne de son avidité, en souvenir des premières satisfactions de l'existence, même si l'on peut repérer des demandes orales qui n'ont que peu de rapport avec l'orifice buccal. L'analité, en revanche, devient source de conduites et de traits de caractère qui s'éloignent de la zone d'origine, et elle ne lui reste liée que sur un plan symbolique : rétention, avarice, compulsion à la propreté ou manque d'hygiène symptomatique, pour ne citer que ces traits. Il en est de même pour le stade phallique, ou l'érotique urétrale, qui ne se manifestent clairement qu'aux yeux de ceux qui pratiquent l'herméneutique freudienne, sous la forme de l'ambition ou du goût du pouvoir, par exemple.

L'oralité, au contraire, peut se repérer dans l'attachement à des pratiques qui demeurent centrées autour de la bouche, pratiques le plus souvent innocentes ou socialement admises tels la gourmandise, le mâchonnement de chewing-gum ou même la consommation de tabac, du moins tant que celle-ci ne fut pas condamnée pour des raisons sanitaires.

Est-ce un hasard si notre époque nous permet d'assister à d'étranges spectacles, tel celui de nos contemporains jouissant d'expériences de plaisir à l'aide d'instruments qui viennent obturer tous leurs orifices sensoriels ? Les oreilles abritant les écouteurs d'un walkman, les yeux rivés sur un bien nommé écran ou mieux encore recouverts d'un casque permettant de visionner des films produisant l'illusion d'être inclus dans l'action, la bouche en permanence remplie par le contenu d'un seau de popcorn, mâchonnant quelque friandise ou tétant le contenu d'un verre de soda, l'olfaction chatouillée par quelque procédé d'Odorama… il ne manquerait à cette complète saturation des orifices pulsionnels que l'accessoire promené en permanence dans sa partie la plus intime par le notable décrit par Christiane Rochefort dans *Quand tu vas chez les femmes* !

Ces comportements ne sont donc pas censés poser problème et le spectacle d'un enfant sevré depuis longtemps se promenant une « sucette » (ou « totote ») vissée dans la bouche ne fera pas davantage scandale. Et pourtant cette habitude mérite d'être interrogée, au même titre que les habitudes tabagiques, dont elle constitue peut-être la matrice.

Ces orifices du corps, ces bords d'où s'origine et fait retour la pulsion qui décrit une boucle autour de l'objet, maintiennent leur exigence de façon permanente. Cette exigence peut être satisfaite dans l'immédiat ou non, c'est cette opposition entre principe de plaisir et principe de réalité qui amènera l'enfant à passer des processus primaires aux processus secondaires. La boucle pulsionnelle, d'abord extrêmement centrée sur l'objet primitif de satisfaction, s'élargit au fil de l'évolution pour englober des objets de plus en plus variés, de plus en plus symboliques. Que l'objet vienne à manquer, l'angoisse survient et la boucle se resserre : sans doute est-ce à ce phénomène que nous assistons avec ces nouvelles pratiques sensorielles ou bien encore lorsqu'une main fébrile vient chercher dans la poche le chewing-gum ou la cigarette providentielle, face à une situation de désœuvrement ou de stress.

Une situation du même ordre est à repérer quand, avec le concours de parents peu disponibles pour répondre à une exigence orale intensive de leur enfant, ou démunis face à celle-ci, le tout-petit se voit proposer cette « sucette » qui vient faire court-circuit, bouchant artificiellement le vide, clouant littéralement le bec à la demande.

Avant l'apparition de cet accessoire le pouce satisfaisait en permanence à cette fonction, permettant au nourrisson d'halluciner le sein lorsque ce dernier tardait à se manifester. En effet, avec la succion du pouce l'enfant lui-même produit le court-circuit, avec les moyens que la nature met à sa disposition. La masturbation infantile s'inscrit dans la même logique de résolution de tension, comme le note Freud, en tant que recherche de plaisir sur le corps propre, mais surtout comme lutte contre l'angoisse dans les moments de confrontation avec la dimension du manque : un lien existe donc bien entre suçotement et masturbation.

Est-ce un rappel un peu trop évident, dans l'inconscient parental, de cette pratique masturbatoire encore marquée de culpabilité qui amène des adultes vigilants à retirer de la bouche de leurs enfants ce pouce évocateur pour leur fournir obligeamment cet objet manufacturé ? Conçue par des laboratoires, suffisamment éloignée de l'activité interdite et mise en vente dans les pharmacies, la « sucette » présente toutes les garanties sociales. Peut-on alors imaginer, avec pessimisme, mais en accord avec un Freud particulièrement concerné par la question, que cette fabrique d'enfants suçoteurs pourrait avoir pour conséquence une génération de jeunes gens prédisposés à être fumeurs ou buveurs… ?

Femme et fumée

« Mon corps m'appartient » est une formule née avec le féminisme, formule qui – il est important de le remarquer – n'a jamais été employée par les hommes. Ce qui n'empêche pas ces derniers de le penser, d'une façon sans doute différente de celle des femmes, puisque ces dernières l'employaient en référence à une sexualité dominée jusqu'alors par les diktats masculins, mais également comme proclamation de leur droit à l'avortement. Si un homme peut user de cette formule face au conseil qui lui est donné d'arrêter le tabac en avançant qu'il fait ce qu'il veut de son corps, y compris le détruire, qu'en est-il d'une femme lorsqu'elle porte une vie en elle ? Peut-elle tenir le même discours ?

Que nous fumions ou non, nous sommes tous concernés par la dimension du tabac puisque fumeurs/non-fumeurs est une distinction qui s'inscrit aujourd'hui dans notre société au même titre que s'y inscrit la différence des sexes ; elle définit des individus comme appartenant à l'une ou l'autre de ces deux catégories, elle circonscrit des lieux comme peuvent l'être les vestiaires, les toilettes qui affichent hommes/femmes sur leur porte à l'aide de pictogrammes. Autrefois la différence fumeurs/non-fumeurs recouvrait quasiment la différence des sexes : fumeurs hommes/non-fumeurs femmes, à l'exception, dans les siècles passés, de quelques originales, une certaine George par exemple dont le choix du prénom cultivait l'équivoque, ou bien encore celles qui, faisant commerce de leurs charmes, se situaient en marge de la société et dans un rapport tout à fait particulier aux hommes, autrement dit des femmes qui occupaient une place singulière… Cette distinction n'est plus d'actualité et l'on ne peut manquer d'y voir un des effets de l'égalité des sexes, voire de l'unisexe qui eut sa vogue vestimentaire et reste encore très présent chez les adolescents. Cette prétendue égalité des femmes (homme = femme, et vice versa) est-elle pour quelque chose dans le tabagisme croissant observé chez les femmes ?

Le tabac renvoie avant tout à la dimension du manque, essentielle dans le psychisme humain du fait de la prématuration du petit d'homme, incapable d'assurer seul sa survie et ne pouvant subsister sans un objet à aimer et auquel s'attacher. Prématuration qui laissera en lui sa profonde empreinte et lui fera toujours rechercher une prothèse pour affronter le monde, à commencer par l'objet transitionnel, ce fameux « doudou » dont l'enfant ne peut se passer et qui crée une aire de sécurité entre lui et l'univers qui l'entoure. L'inoubliable expérience de la première séparation, celle d'avec la mère, mais surtout d'avec l'enveloppe placentaire, lui fera rechercher tout au long de sa vie d'autres enveloppes : celle de la fumée, s'il tombe sous son charme, pourra lui paraître providentielle…

Il existe un parallèle, qui n'est pas uniquement poétique ou littéraire, entre le féminin et le tabac. Aussi surprenant que cela puisse paraître, l'histoire de cette plante recouvre par de nombreux aspects celle de l'image de la femme au fil des siècles, image plus que contrastée depuis Ève, passant successivement de l'angélique au diabolique, du secourable au dangereux, image sulfureuse et tentatrice qui aboutit encore aujourd'hui à ce que certaines sociétés prescrivent un voile, qui pour n'être pas de fumée, en dit long sur la nécessité de masquer le pouvoir du sexe dit faible. Ces figures contrastées, dont l'une n'exclut jamais complètement l'autre, aboutissent même, avec l'apparition de la cigarette, à une distinction commune aux femmes et au tabac, celle que les hommes établissent sur le mode d'une typologie incluant traits de caractère, tempérament, et même, humoristiquement, niveau mental : les brunes et les blondes !

Associer le tabac à l'image de la femme nous mène peut-être plus loin, aux origines bibliques d'Ève, la première femme, celle à laquelle est restée attachée l'idée de péché originel, celle qui a cueilli le fruit défendu, générateur de châtiment. Interdit, châtiment associés au féminin mais également à la figure mythologique du Titan Prométhée, qui a offert le feu aux hommes.

La femme a longtemps été (et l'est encore dans de nombreuses parties du monde) porteuse de significations aussi contrastées que celles recelées par le tabac depuis son apparition sur la vieille Europe. Sorcière, tentatrice, susceptible d'enflammer par ses charmes celui qui y succombe : que l'on songe simplement aux qualificatifs qui l'ont si souvent désignée : goule, femme fatale, mangeuse de santé… Pourquoi ne pas lui faire porter un panonceau infamant, semblable à celui qui figure sur les paquets de cigarettes, du style : « La femme tue » ou « La femme peut être dangereuse pour votre santé »… ? La science, que l'on pourrait croire dégagée de la fantasmatique ou des a priori mystiques et religieux, a même inventé un symptôme nouveau au

XIXe siècle, celui de la « combustion spontanée », énigme sur laquelle les autorités médicales se sont très sérieusement penchées. Ce phénomène, comme par hasard réservé au sexe dit faible, voyait ses victimes se consumer, de préférence par le haut du corps, et se réduire, lorsqu'on les découvrait, à la vision macabre d'une paire de jambes surmontée d'un tas de cendres, évoquant le reste d'une cigarette dans un cendrier. La femme et la cigarette, la femme et le feu, la femme et le diable, la boucle est bouclée !

CHANSON DE LA TENTATRICE

Si vous m'aimez
Embrassez-moi
Et quels émois
Je vous promets
Je suis la feuille
La feuille longue
La brune ou blonde
Je suis la robe
Je suis la chair
De cet objet
Pour vous si cher
Qui se dérobe

Je suis la feuille
Que l'on cueille
Et qu'on altère
Celle pour laquelle
On vend son âme
Celle qui alarme
Et qui désarme
Celle qui déhanche
Les jolies filles

Une revanche
Aux yeux qui brillent

Celle qui donne
À l'insolence
Des beaux garçons
Cette arrogance
Cambre les reins
Gante la main
Creuse les torses
Offre sa force
Celle qu'on enflamme
Que l'on consume
Dans la tendresse
Puis qu'on écrase
Dans la colère
Comme une vipère
Au fond d'un vase

Prenez plaisir
À mes soupirs
Si parfumés
Mais qu'on le veuille
Ou non je porte
Rien que pour vous
Sous les couleurs
D'un désir si coupable
Le voile gris du deuil
Et sa traîne de cendres…

Si l'on revient au péché originel, associé à la première femme, comment ne pas penser à celui qui est de fait associé à la culture du tabac : l'esclavage, mis en forme par le « Code noir » du Roi Soleil afin de réglementer le travail des indigènes sur les plantations soumises à son autorité. Et si l'on parle d'esclavage, péché originel du tabac, comment ne pas penser à la condition de la femme, si souvent comparée à ce mode de domination d'un être humain sur un autre, voire d'un sexe sur un autre ? La femme esclave de l'homme, n'est-ce pas là un thème souvent évoqué dans les débuts, puis dans les débats du féminisme ? Enfin, pour poursuivre sur cette dimension de la faute originelle, est-ce un hasard si l'usage de la cigarette chez les femmes fut d'abord traditionnellement associé à celles qui faisaient commerce de leur corps et donc vouées aux flammes éternelles ?

L'ambition féminine trouve aujourd'hui les moyens de se réaliser, et d'occuper places et fonctions autrefois réservées aux hommes. Cette avancée certes nécessaire recèle cependant pour la femme un prix à payer, celui du stress, de l'angoisse et de la tension qu'impose la compétition. L'accession à cette dimension « phallique » n'est pas sans conséquences : dimension symbolique, non réductible à la possession d'un pénis et qui situe symétriquement les deux sexes dans leur rapport au manque et à l'angoisse qu'il génère, la dimension phallique est celle que l'on voit le plus clairement à l'œuvre dans l'ambition, l'énergie déployée en vue de la réussite sociale, la stature, la puissance… domaines autrefois réservés au sexe dit fort. L'inégalité des sexes qui régnait alors permettait aux femmes de se situer différemment par rapport à ce phallus, elles l'attendaient de leur partenaire, ou exerçaient un pouvoir occulte, éminences grises dominées en apparence mais qui jouissaient par procuration de leur pouvoir... Aujourd'hui, aussi anxieuses que l'homme de le perdre, elles choisissent de le brandir, comme lui, au bout de leurs doigts, soumises qu'elles sont à l'enjeu phallique et au stress qui en découle, provoqué par leurs nouvelles responsabilités. Si ne pas avoir le phallus pousse à le rechercher, l'avoir inclut la peur d'en être dépossédé : cette expérience, que l'homme a toujours connue, est vécue aujourd'hui par la femme, ne serait-ce pas là une des raisons qui la poussent à son tour vers le tabagisme ?

L'homme et la femme *ont* un corps, contrairement aux animaux qui *sont* un corps et qui ne font qu'un avec ce corps obéissant à l'instinct, un corps incarnation du pur instinct, quoique nos animaux dits domestiques soient parfois sujets à des symptômes qu'ils ne présenteraient pas à l'état sauvage : eczéma, anorexie, troubles du caractère et du comportement, dépression, traversés qu'ils sont par l'inconscient de leurs maîtres. Ce fait d'*avoir* un corps et non d'*être* un corps, spécifique à l'humain, est un des effets du langage, provoquant notre division, créant la barre qui sépare le conscient de l'inconscient et aboutissant à ce qu'une part de nous-même nous soit inconnue et cependant déterminante.

Pauvres humains, encombrés d'une anatomie toujours prête à défaillir ! Cet « avoir » qui ne prospère pas toujours dans le bon sens leur pèse bien souvent. Étrange propriété que celle-ci, dont la jouissance est loin d'être confortable, qui se manifeste à tous moments, nous trahit, parle quand nous voudrions qu'elle se taise, se réfugie dans le mutisme quand nous la voudrions éloquente !

Ce corps si peu discipliné rougit, s'emballe, s'effondre, il trébuche, défaille, se courbe alors que nous le voudrions rigide, se raidit quand nous le souhaitons souple. Est-ce la rançon de l'intelligence triomphant de façon si embarrassante de l'instinct, cette victoire parfois peu enviable de la réflexion sur la satisfaction des besoins primaires ? Est-ce bien là, davantage que le rire, le propre de l'homme ? Nous avons un corps, en effet, mais ce traître passe son temps à nous échapper et les épreuves que nous rencontrons l'amènent à se manifester de manière souvent indéchiffrable. S'il ne répond pas à notre volonté, à quoi se soumet-il donc ? À quelle logique sinon à celle de la langue que bien souvent le corps prend au mot, voire à la lettre ? Nous parlons, il est vrai, mais ce privilège qui nous distingue encore une fois du règne animal est aussi ce qui nous divise : le plus souvent, à notre insu, « ça » parle en nous, et de la façon la plus symptomatique.

Il y a bien longtemps, sur la scène d'un café-concert un chanteur en costume de pioupiou battait la mesure. Un calot en équilibre sur d'immenses oreilles, il entonnait son refrain devant une salle hilare :

Ah mon Dieu qu'c'est embêtant
D'être toujours patraque

Ah mon Dieu qu'c'est embêtant
Je n'suis pas bien portant…

Les spectateurs lui faisaient fête, tordus de rire ils avaient *la rate qui s'dilate.* Longtemps après la création de cette chanson, des générations se sont succédé pour reprendre en chœur la pochade d'Ouvrard, ce comique troupier qui faisait rimer, de la façon la plus radicale, les mots avec les maux. Bien sûr le principal ressort de ses couplets résidait dans une interminable énumération : une avalanche logorrhéique de symptômes dont se plaignait l'invraisemblable patient. Mais si le succès fut au rendez-vous et s'il ne se dément pas aujourd'hui c'est qu'au-delà de son jeu virtuose avec la langue cette chanson touche à une dimension authentique, et décrit au plus près le fonctionnement de notre corps. À chaque organe elle fait correspondre en assonance un trouble, que ce soit « le foie qu'est pas droit », « le ventre qui se rentre », « le coccyx qui se dévisse », ou encore « le palais qu'est pas laid, mais les dents c'est navrant », et à leur insu les rieurs y entendent une vérité qui les concerne tous : elle a été énoncée il y a plus d'un siècle par un célèbre médecin viennois.

En effet la grande découverte de Sigmund Freud, à l'époque où il écrivait ses *Études sur l'hystérie*, pouvait se résumer en quelques phrases : les maux sont un langage, ils se déchiffrent, le corps parle et bien souvent ce qui ne peut se dire en mots s'exprime par un dysfonctionnement physique, que la parole elle-même pourra libérer. La sagesse populaire l'avait compris depuis longtemps – en ce sens elle a toujours précédé la science –, car c'est à l'aide de métaphores corporelles qu'elle a le plus souvent choisi d'illustrer nos embarras psychiques, de « j'en ai plein le dos », « je l'ai gardé en travers de la gorge », en passant par « ça m'est resté sur l'estomac », « il me casse les pieds », « j'en ai gros sur le cœur », pour en arriver au plus récent « ça me prend la tête » ou « j'ai les boules ». C'est à travers la référence au corps et à chacun de ses organes que peut se dresser le long catalogue des contrariétés, des angoisses et des terreurs dont la vie se montre si prodigue à notre égard.

Est-ce à l'inventeur de la psychanalyse lui seul que nous devons cette découverte ?

N'avons-nous pas avant tout à remercier les jeunes femmes qui lui ont ouvert la voie ? Emmy, Lucy, Katharina, Élisabeth, Dora, toutes ces élégantes visiteuses qui ont franchi le seuil du 19 Bergasse à Vienne, pour venir s'allonger sur le divan recouvert de tapis ottomans, qui toutes ont demandé à Freud de les écouter, de les laisser dérouler le long ruban de leur plainte. « Folles de leur corps », pourrait-on dire, tant la variété de leurs symptômes recouvrait chaque pouce de leur anatomie. Une paralysie faciale, un rétrécissement du champ visuel, une perte du goût, de la sensibilité cutanée, ou au contraire une hallucination olfactive, tout cela fut déposé en offrande aux pieds de celui qui allait donner sens à cet affolement et déchiffrer le muet message tatoué sur la peau de ces belles hystériques.

Tel le Champollion de la pierre de Rosette apparu au détour de mon rêve d'accouchement…

Oui, un bras pouvait ne plus répondre, pour se punir d'une activité solitaire, un œil ne plus voir, pour ne plus être témoin d'une réalité insupportable, une éruption cutanée se manifester à la place d'un désir brûlant inacceptable. Incroyables métaphores corporelles auxquelles il fallait pourtant bien accorder crédit, puisque le dévoilement de leur sens caché provoquait leur disparition.

Pour en revenir à la relation de la femme au tabac, un cas de figure qui nous intéresse particulièrement ici et concerne spécifiquement la femme est celui de la grossesse, lorsque le corps de la femme en abrite un autre, celui de l'enfant à venir. Sur le plan topologique ces deux corps restent distincts, sur le plan physiologique un peu moins, puisque l'état de grossesse induit des changements dans le corps de la mère, physiques, chimiques, hormonaux, sur le plan psychologique un peu moins encore lorsque le fantasme de fusion est à l'œuvre et que la frontière entre les deux corps en présence tend à s'abolir. C'est ce qui explique en partie, au moment de la séparation qu'est l'accouchement, ce « baby blues » ou, plus graves, ces dépressions post-partum ou psychoses puerpérales. Comment illustrer cette relation psychologique complexe entre une mère et l'enfant qu'elle porte ? Peut-être à l'aide de la célèbre bande de Mœbius, ce ruban de papier sur lequel on opère une torsion avant d'en réunir les deux extrémités, avec pour résultat la transformation de ses deux faces en une face unique. Il serait tentant ici d'illustrer le vécu psychique de la grossesse à l'aide de cette fameuse figure en imaginant les deux surfaces, celle représentant la mère et celle représentant l'enfant, a priori séparées, devenant une face unique grâce à la simple torsion du ruban de papier. Dès lors, en le parcourant, on passerait sans solution de continuité du corps de la mère à celui de son enfant en se déplaçant sur ces deux surfaces devenues une seule. Ce n'est qu'au moment de l'accouchement que la coupure redeviendrait effective et rétablirait deux surfaces distinctes.

L'usage de la cigarette chez les femmes remet en cause d'une façon singulière l'affirmation : « mon corps m'appartient ». Cette formule a pour corollaire un certain nombre de questions, en particulier celle-ci : le corps d'une femme porteuse d'un enfant lui appartient-il complètement ? Et plus encore, le corps de l'enfant qu'elle porte lui appartient-il, comme prolongement du sien propre ? Les récents procès de mères infanticides ont rendu cette question brûlante lorsqu'ils nous ont fait entendre les discours troublants de certaines d'entre elles s'arrogeant droit de vie et donc de mort sur l'enfant qu'elles venaient de mettre au monde quand elles n'en déniaient pas tout simplement l'existence.

Il y a peu de temps, celle que ses proches appelaient Véronique, une paisible mère de famille, avouait un triple infanticide, auquel s'ajoutait une macabre mise en scène que seuls les films les plus noirs, qualifiés de « gore », peuvent donner à voir.

Cet acte qui bousculait l'une des valeurs que nous considérons comme sacrées – l'amour maternel – mettait en évidence le *déni*, ce mécanisme psychique qui permet de ne rien savoir de ce qui nous perturbe et qui peut aller jusqu'au *déni de grossesse*, ainsi que l'idée de *toute-puissance maternelle*. Les dépêches se succédaient, ajoutant chaque fois leur touche d'insupportable : trois nouveau-nés mis à mort, le corps de l'un d'eux détruit par les flammes, les autres conservés dans un congélateur. Et voici qu'apparaissaient le feu et la glace, deux éléments opposés marquant notre imaginaire et qui pouvaient définir l'héroïne de ce fait divers tragique telle qu'elle nous était présentée dans la presse : du côté du feu, une femme capable d'étouffer la vie en un geste d'une rare violence et, parallèlement décrite – du côté de la glace – comme froide et sans affects lorsqu'elle répondait aux questions des enquêteurs, allant même jusqu'à revendiquer une évidente toute-puissance sur les petits êtres auxquels elle avait donné naissance. Une femme radicalement divisée, à qui l'on allait demander de rendre des comptes sur cet Autre au fond d'elle-même, qu'elle connaissait sans doute à peine, cet Autre qui jugeait légitime d'avoir simplement repris ce qu'il avait donné.

Le débat sur l'avortement, à différencier bien sûr de celui sur l'infanticide, rejoint aujourd'hui celui sur le tabagisme chez la femme enceinte. Au-delà de son aspect éthique ou hygiéniste, il renoue avec cette terrible interrogation sur le mystère féminin auquel les hommes ont apporté leurs réponses aveuglées, empreintes d'une fantasmatique efflorescente.

L'identité sexuelle de celle qui porte la vie et qui a donc aussi le pouvoir de l'altérer, de la mettre en danger ou de la détruire mérite-t-elle toujours le qualificatif freudien de « continent noir » ?

On se souvient toujours des premières fois : premier baiser, premier amour, première cigarette… Je n'ai pas oublié le jour où me fut offert mon premier livre sans images : les Mémoires d'un âne *de la comtesse de Ségur. Renoncer aux illustrations de mon enfance pour accéder au texte pur relevait alors pour moi d'une promotion, d'un passage valorisant à l'âge adulte.*

Je suis frappé par le fait que notre époque soit à ce point marquée par la prépondérance de l'image, avec ce qu'elle recèle de fascination, de captation et de méprise. L'avènement du virtuel, qui lui fait cortège, s'accompagne de cette immersion dans une réalité en trois dimensions modifiable d'un simple clic de souris, à rapprocher de la satisfaction hallucinatoire du tout-petit.

Aujourd'hui les écrans sont partout, mais à quoi font-ils écran ? La dimension de l'imaginaire – celle de la satisfaction immédiate, proche du principe de plaisir – tend à régner en maître, peut-être aux dépens de celle du symbolique, champ de la parole et du langage, domaine de la jouissance différée, plus proche du principe de réalité. Ainsi, en cette ère de l'image, le réel qui nous entoure nous parvient-il davantage sous la forme du choc des photos que sous celle du poids des mots…

Ma nostalgie reste vive de cette époque où la mort nous était décrite et non montrée, où chacun réalisait sa propre photographie d'un événement à partir du lu ou de l'entendu. Les jeunes « geeks » de la nouvelle génération considéreront-ils avec ironie mes souvenirs ressassés, les qualifieront-ils de Mémoires d'un âne… ?

L'inconscient photographique

Que la photographie soit affaire de regard semble aller de soi : l'œil captateur de l'objectif fait pour cela suffisamment image. Ainsi, dans l'acte photographique, le regard révélerait son caractère incisif en découpant des fenêtres dans le réel, fenêtres dont le bord même porterait la marque du désir.

Que l'enjeu fondamental de la photographie soit d'ordre temporel semble en revanche moins évident, moins évident encore le fait que soient indissolublement liées à l'acte photographique la dimension du temps dans ses principales conjugaisons, ainsi que celle de la mort dans son spectacle ultime, celui de la décomposition.

Sur le mode humoristique, une histoire connue : la maîtresse distribue la photo annuelle de la classe, elle insiste auprès de ses élèves sur l'inestimable valeur de souvenir de ce document. « Plus tard, dit-elle, quand vous regarderez cette photo avec vos propres enfants, vous pourrez leur dire : "Là, voici Alain qui est maintenant avocat, là, Sophie qui est dentiste, là, Pierre qui est professeur…" » Une petite voix d'élève se fait alors entendre du fond de la classe : « Et là, c'est notre maîtresse, qui est morte… ! »

Sur le mode dramatique, cette fois, un document, connu également : une photographie sur laquelle on peut voir deux hommes, asiatiques (Sudiste exécutant un Vietcong, Eddie Adams, Saigon, 1968). L'un d'eux braque son revolver sur la tempe de l'autre, le prisonnier : il va tirer dans l'instant qui suit et le visage du condamné est déjà, par anticipation, déformé par l'impact de la balle et par la douleur.

Document insoutenable ici, histoire drôle là, et comme trait d'union entre eux deux la photographie, en tant que support au tragique ou au comique. Mais la photo ne fait qu'inaugurer un parallèle allant bien au-delà : dans ces deux exemples la mort est présente comme ponctuation de la destinée humaine ou de sa folie meurtrière, mais surtout – et c'est ce qui fait de ces deux cas de figure la valeur exemplaire –, elle y est liée de façon singulière à la dimension du temps.

Agnès Varda, contemplant cette scène tragique où un homme s'apprête à donner la mort à un autre, faisait remarquer que l'essentiel du choc produit par ce document tenait aux deux temps qui s'y télescopaient : « C'est arrivé et cela va arriver », sentiment exacerbé ici par l'imminence du coup de feu. Il faut cependant, pour lui donner toute sa portée, ajouter à la remarque si pertinente de la cinéaste un temps troisième : « Cela arrive », nouant les deux précédents sous le regard fasciné du spectateur.

Si cette réflexion a été inspirée à Agnès Varda par la violence particulière d'un certain document, elle n'en concerne pas moins *toute* production photographique : présent, passé et futur y sont toujours, dans l'acte de la prise de vue, fixés sur la pellicule ou sur le papier sensible en un temps autre, précipité des trois, qui n'est pas sans évoquer celui, réglé sur le pas du processus primaire, qui règne dans l'inconscient. Freud a pu en effet qualifier d'*intemporel* ce lieu où l'intention vaut l'acte, où les figures du passé, toujours vivantes, jettent leur voile sur l'avenir du sujet.

Un autre témoignage, apparemment contradictoire, entendu au cours d'un colloque sur la photographie à l'École normale, s'exprime à propos de cette même photographie : « Certes elle est impressionnante, mais quand on voit le film dont elle est extraite, l'effet dramatique en est considérablement amoindri… » Rien d'étonnant à cela en effet : il s'agit dans ce cas d'un document cinématographique et le mouvement, la continuité produits par le film empêchent le nouage des trois temps à l'œuvre dans la photo qui en est extraite, nouage spécifique à toute œuvre photographique.

La petite histoire humoristique où une photographie – ce n'est pas un hasard – joue le rôle central, met en scène elle aussi cette précipitation temporelle : la maîtresse est morte, elle va mourir, mais elle est là aussi, bien vivante, bouche bée devant la sortie inconsciemment cruelle de l'enfant. Seule, en effet, une photographie pouvait donner matière à cette réflexion.

Évoquer la photographie c'est bien sûr parler du regard, suivre la trajectoire de la *pulsion scopique* (pulsion qui concerne le regard) autour de l'objet offert, paralysé. Cependant l'enjeu primordial, originaire au sens où il précède l'entrée en acte du regard, est d'ordre temporel : la photo est jouissance du temps arrêté.

Une photographie est avant tout un souvenir, on l'appellera aussi, c'est à noter, un *instantané*, que nous irons jusqu'à entendre *instant-tanné*, opération qui en assurerait, comme on le fait d'une peau, la conservation. Souligner la fonction de souvenir d'une photo peut sembler une évidence et pourtant l'acte de sortir d'un coffret un cliché reposant là depuis des années met en route un processus proche de la magie : le temps fait aussitôt retour et c'est une surprise, une douleur parfois quand vient brutalement à notre rencontre l'image souriante d'un disparu. Un visage apparaît, mais avec lui une histoire nous saisit, déroulée dans le temps : l'actualité d'une prise de vue arrêtée pour toujours, le chemin d'une vie qui l'a précédée, la destinée qui l'a suivie. Aussitôt le portrait se place pour nous sur une échelle temporelle.

En fait, quel qu'il soit, l'objet, le paysage, la nature morte, le mouvement ou l'être aimé saisi par l'objectif subit cette précipitation temporelle : il a préexisté à cette saisie, il est là, dans l'instant, et ce qu'il est aura tôt ou tard disparu, la photographie est là pour en témoigner, le « cela a été » dont parlait Roland Barthes pouvant en résumer l'essence. L'acte d'appuyer sur le déclencheur – paradoxalement nommé ainsi puisqu'en fait il a une fonction d'arrêt – fige l'inéluctable mouvement, celui qui mène sûrement à la mort, tout aussi sûrement à la décomposition.

Décomposition serait-il alors le maître mot en matière de photographie ? L'histoire même de cet art, mettant des images « dans la boîte » ou « en conserve » selon le jargon des spécialistes, semble confirmer cette hypothèse. Il importe, en ce sens, de noter que Nicéphore Niepce, l'ancêtre de la photographie, est un contemporain d'Appert, l'inventeur du procédé qui donnera naissance aux conserves d'aliments, souci prédominant en ce XIXe siècle des grandes découvertes : l'un et l'autre en feront une, fondamentale, qui marquera son époque ; il s'agira pour Niepce de fixer la lumière – et l'instant fugitif – sur une couche de bitume de Judée et pour Appert d'éviter aux substances alimentaires une dégradation naturelle par une méthode de conservation empêchant l'œuvre du temps (et de la lumière !).

Nous reviennent de la préhistoire de la photographie des portraits et des natures mortes : un visage dans sa splendeur passée, une table sur laquelle sont naïvement disposés fruits et légumes dans la lumière d'un été disparu, denrées éminemment périssables que l'objectif aura figées dans leur appétissante maturité avant qu'elles disparaissent, consommées, ou encore vouées au pourrissement…

Le temps d'exposition était, aux débuts de la photographie, extrêmement long et les sujets dont on tirait le portrait étaient soumis à une singulière épreuve : leur tête était maintenue dans un carcan de métal afin qu'au cours de la séance de pose un mouvement inopiné de leur part ne vienne ruiner les espérances artistiques du preneur de vues. Dans l'immobilité quasi cadavérique que requéraient ces clichés, les yeux seuls des modèles continuaient de vivre et les clignements répétés de leurs paupières donnaient aux visages, au moment du développement, un regard de mort, brouillé et vide.

Ce n'est donc pas dans le sens d'un perfectionnement de l'objectif de prise de vues (nécessaire, certes, mais seulement à la précision du cliché) que les progrès de la photographie durent s'exercer, mais dans celui d'une réduction du temps de pose. Il fallut en effet procéder à une extrême décomposition du temps, faire violence à celui-ci pour enrayer le travail de décomposition qui lui fait généralement cortège.

Ainsi nous pouvons voir que dans l'histoire même de la photographie, un signifiant maître est à l'œuvre : *décomposition*, signifiant lié plus que tout autre à la fois à la notion de la mort et à celle du temps. C'est ce même signifiant qui fera retour, mais dans une acception différente, au premier plan de la technique, avec le perfectionnement de la vitesse d'obturation comme *décomposition maximale du temps*. Des deux sens attachés à ce signifiant, celui lié au pourrissement va tomber dans les dessous, sous la barre :

$$\frac{\textit{décomposition}\ \text{(temporelle)}}{\textit{décomposition}\ \text{(organique)}}$$

L'équation ainsi obtenue symbolisant l'acte photographique, à la manière d'une métaphore symptomatique, dans laquelle s'équilibreraient refoulé et retour du refoulé.

Le langage de la photographie – et parallèlement son discours inconscient, où la durée se lie indissolublement à la mort – s'est longtemps illustré par son vocabulaire, que l'ère du numérique a presque fait oublier : le *développement*, notion temporelle, opération pendant laquelle le révélateur fait apparaître l'*image latente*, se poursuit par le *bain d'arrêt* et se termine par le *fixage*, autant de termes où perce la nécessité de stopper la course du temps.

La résistance du monde artistique à admettre la photographie en son sein a été opiniâtre : le document photographique œuvre d'art ? Peut-être, mais à condition que soit reconnue d'abord sa fonction de maîtrise temporelle, seule dimension à le distinguer de sa rivale. En effet, au contraire de la peinture, art dont la photographie a eu quelque difficulté à se dégager en ses origines, il ne s'agit pas de prime abord, pour le contemplateur d'un cliché, d'aller à la rencontre d'un artiste. Dans le cas de la peinture cette rencontre est médiatisée par la toile alors qu'en photographie, elle se fait avec un réel brut, dont la matière même a impressionné le support, matière brûlante derrière laquelle s'efface l'artiste photographe, surpris dans tous les cas par l'objectivité de son modèle. Élément de réel qu'une prise (de vue) symbolique ordonne sous le primat de l'imaginaire, le sujet photographié échappe de fait à son auteur, plus encore que dans toute autre tentative artistique. La photographie s'impose à celui qui la regarde, comme œuvre de chair vive, événement du passé présent pour les siècles à venir.

Le sexe ne peut s'absenter d'une réflexion touchant au temps et à la mort : il est de ce fait remarquable que l'invention photographique ait donné lieu, très peu de temps après sa naissance, à la production d'images pornographiques. Un tel qualificatif ne sera jamais utilisé à propos d'une toile, aussi osé qu'en soit le sujet, pour les raisons invoquées plus haut : au contraire de ce qui est en jeu dans la photographie, ce n'est pas le sujet peint qui nous arrache les yeux, mais le sujet *qui* peint. L'œuvre du peintre sera qualifiée de légère, licencieuse, voire grivoise, mais jamais de pornographique[1].

Photographie/pornographie : que ces deux termes nous paraissent voisins, faits pour s'associer, n'est sans doute pas un hasard. Seul en effet l'objectif est à même de transmettre cette part crue de réel qui fait l'essence du cliché pornographique, dans son aspect intentionnellement *in*-artistique. La photographie procédera là encore à cette tentative de figer ce qui, à l'image du temps, (se) défile incessamment : le désir.

Dérisoire représentation du désir dans sa manifestation la plus extérieure, la photo-

1. À l'exception peut-être de *L'origine du monde* de Courbet !

graphie pornographique immortalise ce qui est destiné à finir, dans un temps qui serait « après les préliminaires, avant la jouissance ». Et quand l'extrême réduction du temps de pose va jusqu'à permettre aujourd'hui d'aller saisir « au vol » le moment de l'éjaculation, voilà que se trouve figé à jamais le temps d'une « petite mort ».

Chaque instant qui passe est mort à jamais, chacun de nos mouvements est fait d'une infinité de moments aussitôt disparus. Retenir ce qui est voué à s'évanouir est l'évident souci de la photographie quand aujourd'hui elle nous restitue le saut de l'athlète dans le moment où il franchit la barre, l'impact de la raquette sur la balle ou l'impact de la balle sur l'homme…

L'ironie du sort veut cependant que le temps, violenté par l'acte photographique, soit au bout du compte le plus fort, et il nous faut bien constater que, de tous les arts, celui qui utilisait, il y a peu de temps encore, la pellicule en tant que support était précisément celui qui nécessitait le plus de soins de conservation !

Fatalité que cette tentative extrême ait vu son objet se retourner contre elle, et que la revanche du temps sur un art visant à en enrayer l'inexorable avance se soit si longtemps traduite par le mélancolique spectacle de photos jaunies, effacées, où l'on recherchait en vain le sourire des êtres aimés…

Si l'on n'est pas parisien ou si l'on n'a jamais fréquenté ce lieu, on ne sait pas qu'autrefois, au Rex, on pouvait fumer. J'aimais cette salle qui offrait une expérience grisante : des nuages qui passaient, projetés au cœur d'un ciel étoilé et, au dos de chaque siège, un petit cendrier qui permettait de fumer pendant le film. Ainsi la fumée de ma cigarette s'envolait rejoindre ces nuages, ces merveilleux nuages au plafond de la salle. À l'évasion totale proposée par le cinéma venait s'ajouter celle que suscite la cigarette : une sorte de redondance, de surdétermination de la rêverie dans ce lieu magique.

Et lorsque je me promenais dans le hall d'entrée je laissais errer mon regard sur ces fameux portraits « Harcourt », photos d'artistes dont le sublime noir et blanc ornait à l'époque tous les murs de nos cinémas. Et sur ces portraits, très souvent, les acteurs et les actrices étaient représentés une cigarette à la main, parce qu'à l'évidence la fumée de la cigarette ajoutait à leur photogénie : Pierre Brasseur, Françoise Rosay, Eddie Constantine bien sûr, Paul Meurisse…

Ainsi mes émois cinématographiques se trouvèrent très tôt associés à l'image de la cigarette, à la rêverie, à l'écran de fumée…

Psychanalyse, fumée et cinéma

Est-il possible de relier psychanalyse, cinéma et fumée ? Peut-être en tentant trois combinaisons : psychanalyse-fumée, psychanalyse-cinéma, cinéma-fumée…

Si l'on commence par la première, psychanalyse-fumée, nous retrouvons évidemment Freud lui-même, grand fumeur devant l'Éternel, pour qui le tabac représentait à la fois le combustible de sa recherche et l'outil de sa création. Considérer la psychanalyse comme le rêve d'un fumeur, produisant une théorie tabagique de l'inconscient, nous amène alors à rendre grâce au tabac, en cette époque de disgrâce, et à la névrose freudienne, en cette époque d'hygiénisme, pour avoir largement contribué à l'élaboration de la théorie psychanalytique !

Il y aurait donc un parallèle à tenter entre la psychanalyse et la fumée. Non seulement sur le plan théorique mais aussi sur le plan de la durée de la séance, durée qui a été l'objet de grands conflits entre les différentes écoles, particulièrement entre Jacques Lacan et l'Association psychanalytique internationale, laquelle reprochait à ce dernier ses séances courtes, non conformes au standard freudien de trois quarts d'heure. C'est ce point de désaccord qui a précipité l'excommunication de Lacan, son exclusion de la plus grande société psychanalytique mondiale, amenant ce dernier à fonder sa propre école de psychanalyse.

Mais que vient faire le tabac dans cette guerre intestine ? Les orthodoxes freudiens stipulent que la séance analytique doit durer trois quarts d'heure, montre en main ; ils se réfèrent pour cela à Freud lui-même, qui aurait décrété cette durée pour des raisons théoriques. Or il se trouve que l'inventeur de la psychanalyse fumait pendant ses séances et que la durée de consommation par Freud d'un de ses cigares, des Trabuccos, tournait autour de quarante-cinq minutes. Tous les patients du maître qui ont pu témoigner par écrit de leurs séances analytiques ont raconté dans quelle tabagie ces dernières se déroulaient et Freud lui-même a évoqué la durée de son cigare comme étant à l'origine de la durée de la séance. Lacan, quant à lui, fumait des cigares beaucoup plus petits, reconnaissables à leur aspect coudé, cigares que tous ses disciples – pris dans un transfert massif – ont cherché à se procurer afin de s'associer, au moins de cette façon, à l'inspiration de leur maître. Nous n'irons pas jusqu'à prétendre que leur durée plus brève de consommation aurait inspiré à Lacan le concept de la séance courte, mais on voit néanmoins que le tabac est intervenu, à sa façon, dans l'un des principaux conflits qui ont agité l'univers du petit et du grand monde de la psychanalyse.

Si l'on poursuit avec la deuxième combinaison, psychanalyse-cinéma, on s'aperçoit tout d'abord qu'une sorte de gémellité historique les relie car tous deux sont nés à la même époque. « La sortie des usines

Lumière », premier film des frères Lumière, a été projeté au Grand Café, suivi par le panache de fumée d'une locomotive avec « L'arrivée d'un train en gare de La Ciotat » autour de 1893. Deux ans plus tard naissait l'invention du mot « psychanalyse », au moment de la publication par Freud de ses fameuses *Études sur l'hystérie*. Leur gémellité ne s'arrête pas à leur date de naissance : le vocabulaire du cinéma et celui de la psychanalyse ont en commun un assez grand nombre de termes, ne serait-ce que celui de « séance ». Le mot « projection », terme typiquement cinématographique, est aussi utilisé dans le vocabulaire de la psychanalyse pour désigner un mécanisme psychique : comment se débarrasser d'un sentiment insupportable en l'attribuant à l'autre qui nous fait face. Si le mot « écran » est évidemment présent dans les termes usuels du cinéma, il l'est aussi dans la psychanalyse, sous la forme des « souvenirs-écrans », qui viennent faire obstacle à certaines représentations difficiles à accepter pour la conscience. Sans oublier le mot sans doute le plus important, utilisé dans les deux disciplines : « scénario ». Le « scénario fantasmatique » est le nom donné à un récit inconscient, fantasme occasionnel ou fondamental sous la coupe duquel nous vivons, que nous suivons assez régulièrement pour parfois le répéter inlassablement… et souvent en souffrir.

Le cinéma ne peut se « réaliser » qu'à partir d'un scénario écrit, c'est même ce qui pourrait nous amener à un autre parallèle, cette fois avec le rêve, le plus évident étant que le cinéma fait rêver. Cette salle plongée dans l'obscurité face à un écran où se déroulent des images fascinantes présente quelque chose d'hallucinatoire se rapprochant d'un des phénomènes que l'on connaît dans le rêve, qui est en effet une forme d'hallucination nocturne. Mais le plus intéressant peut-être réside dans le fait que rêve et cinéma produisent tous deux des images qui trouvent leur origine dans un texte. Dans le film auquel nous assistons, ces scènes qui se déroulent en une succession d'images sont produites à partir d'un texte écrit, nommé scénario, ce qui les apparente au rêve : Freud nous a enseigné qu'il fallait considérer ce dernier comme un rébus, autrement dit comme une succession d'images dont il fallait trouver la traduction en mots, mots qui en donneront le sens et en dévoileront l'intention originaire : une réalisation de désir. Il existerait donc un texte sous-jacent au rêve, qui nous en fournira la clef si nous savons le déchiffrer. Cette clef du rêve était donc là avant le rêve lui-même, elle l'a provoqué, les mécanismes du rêve se chargeant de la mise en scène, du travestissement qui rendra le contenu acceptable pour la conscience. Ces mécanismes ont donc effectué un travail comparable à celui de la réalisation d'un film à partir d'un scénario : un texte écrit s'est transformé en images pour prendre une apparence différente.

Sur un autre plan, celui de l'histoire du cinéma, la psychanalyse a apporté aux scénarios un enrichissement dont témoignent des films comme *La maison du Docteur Edwards*, un des classiques du genre, *Freud, passions secrètes* bien entendu, *Psychose*, ou plus récemment *Un divan à Manhattan*, *Confidences très intimes* ou encore *Mafia Blues*… Mais c'est peut-être le tout premier de cette série de films qui est le plus intéressant sur le plan historique : à l'époque de Freud, juste après l'invention du cinéma, qui était encore du cinéma muet, les disciples de Freud, Abraham et Sachs, sont allés voir leur maître pour lui proposer de réaliser un film sur la psychanalyse. Ils lui ont fait valoir que ce nouveau « média » permettrait de mettre en scène un cas, d'exposer ses rêves, occasion unique de montrer le développement de l'inconscient grâce aux images de ce nouvel art qui leur paraissait un outil formidable. Freud n'a pas du tout souscrit à cette idée, laissant ses disciples s'emparer de l'idée : Abraham et Sachs ont alors écrit le scénario d'un film qui a été mis en scène par le grand réalisateur allemand Pabst. Ce film, devenu en français *Les mystères d'une âme* ou *Le cas du Professeur Mathias*, fut donc le premier film réalisé par les disciples de Freud, film muet où la fumée est d'ailleurs extrêmement présente. On y assiste à des réunions de psychanalystes dans un café et c'est à peine si la fumée permet d'y distinguer les personnages tant elle envahit l'image : premières noces du cinéma, de la psychanalyse et de la fumée.

Première noces car la fumée entretiendra à partir de là des rapports étroits avec l'image cinématographique.

Enfin, si l'on poursuit avec la troisième combinaison, fumée-cinéma, on constate qu'à l'instar des images du studio Harcourt, la fumée à l'écran vient en effet faire lien, signe, signification dans l'image et ajouter à son pouvoir de fascination, qu'elle partage avec les acteurs. Si d'ailleurs ces derniers exercent sur nous un tel pouvoir c'est sans doute en tant qu'image idéale projetée sur un écran. Qui d'entre nous n'a été sous le charme de tel ou tel acteur, qui d'entre nous n'a ressenti de déception lors de la rencontre avec cet acteur « en vrai ». Comme si se rompait le charme de l'image pour l'enfant émerveillé qui continue de vivre en nous. La cigarette, au moins pendant l'âge d'or de ces années cinquante et soixante, était un objet qui venait sans doute, dans notre inconscient, compléter ces personnages mythiques et nous renvoyer, pauvres humains, à la permanence de notre incomplétude, toujours en quête d'un objet perdu. L'image de ces acteurs complets, au sens où rien ne leur manque, nous renverrait ainsi au manque originaire auquel s'arrime toute dépendance, de quelque ordre qu'elle soit.

La dépendance, aujourd'hui associée à une pathologie addictive, n'en est pas moins la marque même de l'humain : nous sommes tous et toujours dépendants. Que ce soit d'un objet d'amour, de relations amicales, du tabac, de l'alcool ou de toute autre substance, il ne nous est pas possible de vivre sans être dépendants, nés que nous sommes dans l'immaturité totale, prématurés dans les mois qui suivent notre naissance puisque incapables de marcher, d'entretenir une relation, de subvenir à nos besoins par nous-mêmes, donc dépendants absolus. La dépendance est la marque même de notre naissance et de notre statut d'êtres humains. C'est parce qu'ils sont si rapidement autonomes que les animaux se développent plus vite, mais aux dépens de l'intelligence qui nous caractérise, cette capacité d'utiliser notre cerveau autrement que dans des conduites instinctives.

Il y a probablement dans l'acteur cette image cinématographique idéale d'un autre à qui rien ne manque, cet *in-dépendant* que nous ne sommes pas, cet autre absolu que la cigarette, lorsqu'il s'en empare et s'en pare, vient rendre absolument complet. La psychanalyse dirait de cet autre qu'il est « non castré », ce qui ne doit pas s'entendre au sens propre du terme mais au sens figuré : « non privé de », contrairement au commun des mortels. Peut-être est-ce ce qui explique que l'image cinématographique du tabac soit plus incitatrice que la publicité même : l'image de cet être idéalisé qu'une cigarette entre les doigts complète encore davantage peut évidemment fournir une incitation et surtout déclencher une imitation, une émulation.

Dans la belle salle du Rex, lorsqu'un acteur allumait sa cigarette à l'écran, je faisais aussitôt de même, imité en cela par des centaines de spectateurs qui, en une myriade de points lumineux, transformaient l'obscurité du parterre en une nuit étoilée…

On ne fumerait pas si cette pratique n'était pas dangereuse, cette dimension du risque fait partie intégrante de l'image et du charme de la cigarette. Il n'est donc pas étonnant que l'art, qui ne se soucie ni du politiquement ni de l'hygiéniquement correct, se soit emparé de cet objet aussi bénéfique que maléfique, générateur d'un plaisir au sein duquel la mort pointe son nez et si souvent représenté à l'écran. Sachant qu'au cinéma les gestes, les regards, les attitudes et les objets en disent largement autant que les bouches des acteurs, on y entendra parler la cigarette : elle dira l'amour, elle dira l'attirance, cette même fumée aspirée puis crachée au visage de quelqu'un dira la haine ou tentera la séduction. Elle jouera de significations opposées, cette cigarette tenue nonchalamment ou cherchée fébrilement dans sa poche par un suspect au moment de son interrogatoire. À l'écran, amour et désir feront de la cigarette l'instrument de la séduction, domination ou haine la transformeront en objet de torture, Éros et Thanatos se trouveront indissolublement liés dans cet infime objet miraculeux, aussi puissant que dangereux.

On n'a pas toujours mangé du pop-corn dans les salles obscures mais y existait déjà ce qui confine à la perfection aujourd'hui dans le domaine du rassasiement de tous les sens : confiseries, écran géant, son *surround*, de façon à ce que la bouche, les yeux et les oreilles soient comblés. Serait-ce quelque chose de l'ordre du retour à l'état de « pervers polymorphe », ce très vilain terme utilisé par Freud pour parler du petit enfant qui, encore loin de connaître le plaisir du sexe, jouit cependant par tous les pores de sa peau et par tous ses orifices ? Jouissance vouée à l'oubli lorsque l'enfant grandira et que l'ordre social, le refoulement et la pudeur rempliront leur office pour en faire un adulte policé. Mais il paraît évident que nous retrouvons quelque chose de ces premiers émois lorsque nous nous blottissons dans la salle obscure. Une sur-jouissance se produit dans ce moment régressif, jouissance immédiate semblable à celle du tout-petit lorsqu'il remplace l'objet qu'il ne peut obtenir dans l'instant par l'hallucination de celui-ci.

Peut-on aujourd'hui renoncer à toutes ces satisfactions pour ne jouir que d'une ? Que proposer au fumeur-rêveur-pervers polymorphe freudien comme objet de substitution, quand on le prive de l'objet cigarette ? Voilà une question qui se pose sur le plan social tout autant que médical. Le risque de la dépression est toujours là et certains, privés de leur cigarette, risquent fort de s'effondrer. Vaut-il mieux fumer ou sombrer dans une dépression grave, quand on sait que cette dernière peut mener plus rapidement à la mort que le tabac ? Il faut tendre l'oreille pour savoir par quoi remplacer le tabac, quand il a pris une telle importance pour certains d'entre nous, tentant de combler un manque irréductible. En effet si la cigarette a pris cette place, à l'écran, dans nos vies et dans la vie en général, c'est qu'un motif puissant est à l'œuvre et l'idéale vision d'un monde sain libéré des vapeurs du tabac n'est qu'une fantasmagorie hygiéniste.

CHANSON DU MANQUE

Ta vie est ainsi faite
Tout seul et démuni
Au milieu de la fête
Tu détournes la tête
Cherchant mon secours
Car toujours
Toujours il te manquera quelque chose
Un objet d'autrefois
Un mouchoir, une bague
Ou bien autre chose...

Ainsi je te manque
Sans moi tu ne peux vivre
Et sans mon parfum
Ta vie ne sent plus rien

Mais qu'y puis-je
Si tu es ainsi fait
Toujours il te manquera quelque chose
Une main, une épaule
Un souvenir d'hier
Ou le parfum des roses

Mais qu'y faire
Si tu vis ce vertige
Tu n'es jamais toi-même
Non jamais tout à fait
Toi qui te sens si seul
Oui toujours
Toujours il te manquera quelque chose
Que tu aimais autrefois
Et si ce n'est moi
Ce sera autre chose…

Depuis qu'il est interdit de fumer dans les lieux publics la rue sent la fumée et nos trottoirs se couvrent de mégots : la cigarette n'a pas disparu, elle s'est déplacée. Ce qui n'étonne guère les psychanalystes, qui savent qu'un symptôme éradiqué d'un endroit réapparaîtra dans un autre : autre lieu du corps en cas de somatisation, autre objet d'angoisse en cas de phobie. Un objet différent va-t-il alors prendre la place de la cigarette bannie ? Sans doute, et d'ailleurs si quelque chose se profile d'une satisfaction substitutive, c'est avec le téléphone portable qu'on le remarque le plus spectaculairement. Cet objet a ceci de comparable avec le tabac qu'il crée de solides addictions, à tel point que, comme par hasard, la Faculté met aujourd'hui en garde ses utilisateurs contre les dangers potentiels de l'appareil pour la santé. Faudra-t-il bientôt agrémenter nos téléphones d'un petit placard bordé de noir : « Téléphoner nuit gravement à votre santé », voire « Téléphoner tue » ? Comme la cigarette, le portable permet de se protéger du monde extérieur, rassurant à la manière d'un lien ombilical insécable avec l'autre, toujours présent à l'appel et donnant le sentiment d'avoir ce dernier toujours à portée de la main, comme un paquet de blondes dans sa poche, prêt à soulager toute angoisse de manque.

Et ce n'est donc pas un hasard, quand on se sert d'un portable, si le « Allô ? » d'autrefois est remplacé aujourd'hui par un « T'es où ? ».

Je crois bien que c'est au Rex que j'ai vu pour la première fois Les oiseaux. *La réputation de ce film était telle que je m'y suis rendu le cœur battant, persuadé que les malintentionnés volatiles qui fondaient sur les personnages pourraient bien aussi jaillir du ciel noir de la salle, se frayer un chemin entre les nuages qui y étaient projetés pour se jeter, bec menaçant, sur les spectateurs. Sans doute un reste des frissons de plaisir qui me saisissaient enfant lorsque je jouais à « Loup y es-tu ? » et qui m'ont fait adorer les films qui font délicieusement peur.*

Dans les films policiers ou les westerns, je prends aujourd'hui le même plaisir à voir évoluer, sous leur forme adulte, les « méchants » d'autrefois, ceux de mes premiers dessins animés : la sorcière de Blanche-Neige, *le Capitaine*

Crochet de Peter Pan *ou la Cruella des* Cent un dalmatiens, *qui m'effrayaient et que j'aimais tant haïr. Noirs personnages, ils étaient pour beaucoup dans le succès de ces productions cinématographiques et je réentends à ce propos Alfred Hitchcock affirmant que si le personnage du méchant est réussi, le film le sera assurément…*

Sans doute est-ce une des raisons pour lesquelles le cinéma nous captive à ce point, mettant en scène notre ambivalence, cet inséparable couple amour-haine qui nous permet de nous identifier avec le même plaisir aux elfes, aux anges aussi bien qu'aux démons qui hantent nos écrans et y réalisent nos désirs enfouis…

Alfred Hitchcock et les oiseaux du ciel[1]

« Schreber se plaint des ennuis que lui causent ceux qu'il nomme "oiseaux miraculés" ou "oiseaux parlants", auxquels il attribue une série de qualités vraiment frappantes. D'après lui – telle est sa conviction – ces oiseaux sont constitués par des vestiges de ci-devant "vestibules du ciel", c'est-à-dire par des reliquats d'âmes humaines… ils sont chargés de poison de cadavre et alors lâchés contre lui. »

Freud, *Le Président Schreber*

Les oiseaux, d'Alfred Hitchcock, inspiré d'une nouvelle de Daphné Du Maurier, est

1. Paru dans *La Règle du jeu*, n° 37, mai 2008, sous le titre « Une approche psychanalytique des *Oiseaux* d'Alfred Hitchcok ».

souvent cité comme un des films les plus impressionnants de son auteur, à l'égal de *Psychose*. Encensé par les cinéphiles tant pour la réussite de ses effets spéciaux que pour la montée inexorable de l'angoisse qu'il suscite, c'est un film qui fait aujourd'hui figure de classique.

Le succès de ces *Oiseaux* n'est cependant pas sans poser question : l'intrigue en est assez mince et l'histoire sentimentale sans grande originalité qui y est développée pourrait même sembler bien pâle face aux scènes de terreur que le public attend. Il y a pourtant, semble-t-il, tapi au sein même de cette œuvre, un défi lancé à l'exégète comme à l'analyste, défi qui s'exprime essentiellement en un terme lancinant, une exclamation répétée au fil de l'intrigue par divers personnages : « Inexplicable ! » En effet, ce qui constitue l'essentiel de cette fiction, les attaques sauvages d'animaux, habituellement considérés comme inoffensifs, contre des humains, demeure tout au long du film, et jusqu'à son dénouement, apparemment sans explication possible. Quelle peut bien être la raison de la folie meurtrière qui s'empare de ces volatiles, quels fondements trouver à la haine contre les humains qui semble les animer ? Autant de questions qui doivent, si l'on en croit Alfred Hitchcock, rester sans réponse pour les personnages du film comme pour ses spectateurs : le réalisateur lui-même dira que l'un des critères du choix qu'il a fait de cette nouvelle de Daphné Du Maurier fut le caractère incompréhensible des événements qui s'y déroulent.

Nous nous trouvons ainsi, avec *Les oiseaux*, face à plusieurs interrogations : existe-t-il un lien entre la classique histoire d'amour qui se développe à Bodega Bay et les épisodes de terreur qui émaillent le récit ? Ce lien donne-t-il la clef du film ? Le sens profond de cette fiction est-il déjà présent dans la nouvelle de Daphné Du Maurier ou bien est-il à attribuer à l'adaptation qu'en a faite Alfred Hitchcock ? Dans l'affirmative, ce dernier a-t-il sciemment infléchi le cours du récit afin de proposer au spectateur une énigme dont il détenait la solution ? Comme on peut le voir, nombreuses sont les pistes de réflexion et nous allons tenter de les explorer.

Résoudre cette énigme en dévoilant le sens et la logique interne du film aurait sans doute pour effet d'en expliquer du même coup l'impact et le succès. Cette explication vaudrait pour de nombreuses œuvres tant il est vrai que le public s'attache à des productions artistiques qui se trouvent répondre à une logique inconsciente rigoureuse. La voie a été ouverte par Freud avec ses *Essais de psychanalyse appliquée* et *Délire et rêve dans la « Gradiva » de Jensen*, puis suivie par de nombreux psychanalystes, dont Didier Anzieu avec *Le corps de l'œuvre*. Serge Tisseron, avec *Tintin chez le psychanalyste*, nous a montré comment une étude approfondie de l'œuvre d'Hergé, se centrant uniquement sur les albums du célèbre dessinateur – et donc sur le discours qu'il produit –, pouvait en dévoiler la logique interne, articulée sur une quête paternelle et les effets d'un secret de famille. Cette méthode de travail ne choisit pas d'expliquer l'œuvre à partir de la vie de son auteur (aspect tristement « appliqué » d'une certaine psychanalyse) mais éclaire au contraire, dans l'après-coup, certains aspects de la biographie et de l'histoire familiale du créateur à partir de sa production. La logique inconsciente qui se trouve ainsi dévoilée est précisément celle qui confère son pouvoir à l'objet artistique et lui donne sa vie propre : fonctionnant à l'insu des deux partenaires, c'est elle qui lie le plus étroitement l'artiste, l'auteur ou l'écrivain à son public, signant ainsi la réussite des plus grandes œuvres.

Rappelons d'abord brièvement l'intrigue des *Oiseaux* : une jeune femme belle et oisive, Melanie, fait la rencontre chez un oiseleur d'un homme avec lequel elle a un échange séducteur et agressif. Cet homme lui plaît et elle décide de lui apporter elle-même le cadeau qu'il désirait faire à sa jeune sœur, un couple d'oiseaux appelés des « inséparables ». Elle fait le voyage jusqu'à Bodega Bay où vit l'homme et elle y apprend qu'il demeure avec sa mère et sa sœur. Elle fait en chemin la connaissance d'une ancienne fiancée de l'homme, restée sur l'île comme institutrice après leur rupture, rupture due en grande partie à la jalousie de la mère de Mitch Brenner. Melanie s'introduit subrepticement dans la maison des Brenner et y dépose son cadeau : alors qu'elle en revient elle se fait attaquer par une mouette qui la blesse au visage. Mitch Brenner, qui l'a aperçue, vient à sa rencontre, la soigne et l'invite à dîner chez lui : sa mère, qui connaît la jeune femme de réputation pour avoir lu quelques articles la concernant dans des journaux à scandale, lui réserve un accueil des plus froids ; la petite sœur de Mitch Brenner, au contraire, se montre très affectueuse à son égard et insiste pour qu'elle reste jusqu'à son anniversaire. Les deux jours qui suivent voient se déchaîner la colère des oiseaux : la fête des enfants est l'objet d'une première attaque, plus tard un fermier est tué, l'institutrice le sera également, la ville est mise à feu et à sang. Melanie et les Brenner se barricadent dans la maison qui subit des attaques très violentes jusqu'au moment où la jeune femme est à son tour victime des oiseaux. Dans le calme revenu la famille Brenner quitte alors l'île, emmenant Melanie traumatisée et hagarde.

La nouvelle de Daphné Du Maurier, qui a inspiré Alfred Hitchcock, présente bien des différences avec le scénario du film. L'action n'y concerne qu'un couple de fermiers et leurs deux enfants, qui doivent affronter les attaques de nuées d'oiseaux agressifs. Seul un couple de fermiers voisins apparaît, qui périt au cours de l'une des attaques et le récit est entièrement centré sur la famille aux prises avec la terrible menace. Nous apprenons également que toute l'Angleterre affronte les raids meurtriers, Londres y est montré en état de siège, l'aviation même est appelée à la rescousse. La seule tentative d'explication est fournie par le fermier, héros de la nouvelle, qui remarque que les attaques des oiseaux se font au rythme des marées. La fin, très pessimiste, laisse entendre que les oiseaux auront tôt ou tard raison de l'humanité entière.

On voit donc qu'Alfred Hitchcock, bien qu'attiré par le caractère « inexplicable » des attaques qui émaillent l'action, a souhaité que l'intrigue des *Oiseaux* soit considérablement étoffée quand il a confié l'élaboration du scénario à Evan Hunter, auteur de romans noirs sous le nom d'Ed McBain. L'introduction des personnages principaux du film, l'histoire d'amour qui lie Melanie et Mitch Brenner, la jalousie maternelle et bien d'autres détails sont à mettre à son actif, la nouvelle de Daphné Du Maurier n'ayant fourni que l'élément de la folie meurtrière des oiseaux. Ne doutons pas, compte tenu de la thématique de différents films d'Hitchcock et en particulier de *Psychose*, que ce dernier ait collaboré de très près au travail d'Hunter et lui ait suggéré les modifications qu'il devait apporter à la nouvelle : les témoignages abondent sur la proximité entretenue par Hitchcock avec ses scénaristes durant l'élaboration de ses nombreux films. Une chose au moins est certaine : l'explication par le rythme des marées n'a pas été retenue par le réalisateur et elle ne sera pas évoquée dans le film, peut-être simplement en raison du fait qu'elle apportait une amorce de réponse à ce qui devait pour lui rester entièrement dans l'ombre.

La nouvelle de Daphné Du Maurier ne soulève, au contraire du film, aucune question : elle joue uniquement sur le climat d'angoisse suscité par un événement incontrôlable et sur le retournement de situation créé par la révolte contre l'humanité d'une espèce jusque-là pacifique. On verra qu'Alfred Hitchcock, par ses ajouts et son remaniement de l'intrigue, a donné à cet affrontement une tout autre dimension. En y ajoutant son quatuor de personnages, en réduisant le théâtre du drame à Bodega Bay et le temps de l'action à deux jours, il en a élargi la portée jusqu'à l'universel. Le film qui en résulte et qui aurait pu, chez un autre réalisateur, n'être qu'un produit de série B du style « Des monstres attaquent la ville », accède ainsi à la dimension d'une véritable tragédie.

Nous allons tenter de reprendre en détail le déroulement du film et d'en articuler les moments essentiels à la lumière d'une hypothèse : ce déchaînement des oiseaux du ciel qu'Hitchcock voudrait sans cause apparente, nous le mettrons en relation directe avec la haine d'une mère, chacune des attaques venant réaliser – au sens strict de rendre réelle – la jalousie destructrice de la mère de Mitch Brenner à l'égard de Melanie, sur le mode d'un délire psychotique. C'est de la mère, ou plus précisément du désir de mort émanant de celle-ci, que nous pourrions faire l'agent des catastrophes qui parsèment le récit, cette mère, dont Alfred Hitchcock dira pourtant : « C'est le personnage faible du film. » Par cette phrase en forme de dénégation, le metteur en scène nous montre que c'est à son insu que s'est élaborée chez lui la dimension de toute-puissance du personnage maternel. Mais cette toute-puissance imaginaire est-elle à mettre à l'actif d'un fonctionnement délirant de Lydia Brenner ou lui est-elle attribuée – à partir d'une perception non moins délirante – par la jeune femme, Melanie ? Si le film met en scène un mécanisme psychotique, délirant ou hallucinatoire, il nous restera à voir s'il est possible de déterminer de qui il provient.

Nous verrons ensuite comment le film fonctionne pour le spectateur à la façon d'un mythe, et quels sont les rapports de celui-ci avec la métaphore délirante des oiseaux. Rappelons à l'appui de cette hypothèse la parenté de ce film avec *Psychose*, qui le précède directement : la haine maternelle y est au principe de l'action et un jeune homme schizophrène, interprété par Anthony Perkins, s'y identifie à sa propre mère décédée pour tuer les jeunes filles dont il risque de tomber amoureux. Or, dans *Psychose*, des oiseaux – empaillés – imposaient déjà leur présence menaçante et leur choix est à mettre à l'actif d'Alfred Hitchcock, mû sans doute par une nécessité inconsciente, puisque dans le livre qui a inspiré le film le taxidermiste naturalisait des mammifères. Comme le dit Donald Spoto dans son livre *La vraie vie d'Alfred Hitchcock* : « … tout dans *Psychose* annonce et rend esthétiquement nécessaire le prochain long métrage d'Hitchcock, *Les oiseaux* ». On pourrait ajouter que cette nécessité est également d'ordre psychologique si l'on en croit la déclaration du metteur en scène :

« Je sentais qu'après *Psychose* les gens devaient attendre quelque chose d'encore plus fort... » Cette attente, qu'Hitchcock projette sur le public, est bien sûr à mettre au crédit de son propre désir, de l'impératif qui s'est imposé à lui d'en dire davantage encore sur l'attachement indéfectible et fou d'une mère à son fils.

C'est sur un sifflement que commence le film, sifflement admiratif qui salue l'apparition de Melanie à l'écran : la jeune femme répond à ce langage d'oiseau par un sourire entendu qu'elle adresse à l'admirateur invisible, identifié au spectateur. Lorsqu'un peu plus tard Mitch Brenner dira à son intention « Rejoignez votre cage dorée, Melanie... », le terme inaugural d'« oiseau » va sceller la place de Melanie dans le discours du film, avec tous les glissements que sa fonction signifiante lui autorise : oiseau rare, drôle d'oiseau, cervelle d'oiseau, oiseau tombé du nid, oiseau de paradis, oiseau de mauvais augure, oiseau de malheur, pauvre oisillon, positions que la jeune femme occupera successivement en tombant sous la coupe de ce signifiant maître.

Ce signifiant maître, qui le produit ? Alfred Hitchcock sans doute, mais à son insu, comme en témoignent les propos qu'il tient sur son film dans le livre que François Truffaut lui consacra, où il se défend, par une nouvelle dénégation, d'établir le moindre lien entre les personnages du film et la rage des oiseaux. Ce que la suite de l'action va nous montrer, et que l'on peut déjà supposer à la lumière de cette première scène, c'est que chacun des protagonistes va tisser pour son compte, à partir de ce terme inaugural, une partie du réseau signifiant qui va le prendre dans ses mailles.

Melanie arrive donc à Bodega Bay et cherche à connaître l'homme qui l'a séduite. Parlant de Mitch et de sa mère, le commerçant qui la renseigne évoque « les Brenner » et l'hésitation qui s'ensuit nous laisse entendre que Melanie croit avoir affaire à un couple. C'est bien d'un couple qu'il est question mais il lui est précisé qu'il s'agit de celui formé par une mère et son fils ; un peu plus tard l'institutrice Annie lui livre le prénom de la petite sœur de Mitch, Cathy, et lui laisse entendre en quelques mots que Mme Brenner est une mère possessive, responsable de l'échec de sa liaison avec Mitch. C'est munie de ces renseignements que Melanie se livre à un acte qui peut sembler incongru : elle s'introduit dans une maison qui lui est étrangère pour y déposer un cadeau, le couple d'inséparables destiné à la sœur de Mitch. L'oiseau annonciateur de mauvaises nouvelles qu'elle est à ce moment précis laisse en évidence dans la maison de Mme Brenner, sous la forme d'un couple d'oiseaux, un message qui peut se décrypter ainsi : « votre fille et moi allons devenir très proches, Mitch et moi allons former un couple, que vous le vouliez ou non », mais ce message se double d'un avertissement terrible qui claque dans le salon de la mère : « Je viens dans l'intention de défaire le couple d'inséparables que vous formez avec votre fils. »

Melanie dépose donc son cadeau empoisonné dans la maison des Brenner et observe de loin la réaction de Mitch, lequel bondit dans sa voiture et vient à sa rencontre sur le ponton où elle va accoster. C'est à ce moment précis que se produit la première attaque : alors que la jeune femme s'approche du quai, ravie du tour qu'elle vient de jouer et enchantée de retrouver l'homme qui a compris son aveu, une mouette la heurte de plein fouet et la blesse au front. Le message a été bien reçu, la réponse cinglante à l'intrusion et au cadeau ailé ne s'est pas fait attendre : une réponse en langage d'oiseau à celle qui s'est faite oiseau de mauvais augure.

La première rencontre de Melanie avec Lydia Brenner a lieu dans le café où Mitch panse la blessure de la jeune femme. Un échange de regards éloquents se produit quand Mitch annonce à sa mère que le couple d'inséparables a été apporté par Melanie et Lydia Brenner dit alors d'un ton énigmatique : « Je vois… » L'invitation à dîner est lancée et l'ambiance sera, on le devine, des plus froides, ce qui n'empêchera pas la jeune sœur de Mitch, séduite par Melanie, d'insister pour que celle-ci assiste à sa fête d'anniversaire. La première apparition de Lydia Brenner peut donner au spectateur le sentiment que le choix de la comédienne qui l'incarne, Jessica Tandy, a été dicté par sa ressemblance physique avec Melanie, figurant une sorte de réplique plus âgée de celle-ci. De plus, elle révèle à son fils qu'elle connaît sur la jeune femme des détails que ce dernier ignore, et que ses lectures de la presse à scandale lui ont fournis : Melanie existait pour la mère de Mitch avant même que celui-ci ne la rencontre.

Le soir, après le dîner, la jeune femme rentre dormir chez Annie, l'institutrice, pendant qu'elles échangent quelques confidences Mitch téléphone et demande à parler à Melanie. Un trio se constitue : le fils de Lydia Brenner, son ancien amour et le futur. La mise en place de cette constellation a un effet immédiat : on entend un choc contre la porte, et lorsque Annie va ouvrir, elle découvre sur le seuil le corps d'une mouette morte, déposé là comme un sinistre présent, avertissement funeste lancé aux trois personnages.

Deux fois l'irruption de Melanie dans l'univers confiné de Bodega Bay aura eu ses conséquences, deux fois déjà les oiseaux de la haine maternelle auront mis en garde la jeune femme. Si le cadeau de Melanie, les deux oiseaux, pouvait s'entendre à la manière d'un message codé, les deux mouettes, en miroir, n'en sont pas moins éloquentes : « Ne viens pas remuer le passé, et surtout, oiseau de malheur, ne viens pas rompre le lien indissoluble qui nous unit, mon fils chéri et moi ! »

C'est une autre constellation qui se met en place le lendemain au cours de la fête d'anniversaire et la joyeuse réunion d'enfants est le prétexte à la célébration d'un nouveau trio : Melanie, Mitch et Cathy. Un pas de plus est franchi qui met en péril le psychisme maternel et cette fois les oiseaux se déchaînent en groupe, attaquant sans distinction adultes et enfants. L'attaque se renouvelle quelques instants plus tard à l'intérieur même de la maison, comme si l'énergie maintenant libérée ne pouvait plus être endiguée. Il faut dire que Melanie a fait au cours de la fête un aveu à Mitch : celui de son abandon par sa propre mère quand elle était petite. Elle donne à ce sujet une précision : elle avait onze ans quand s'est produit ce drame, or précisément Cathy fête ce jour-là sa onzième année. Melanie a également posé au jeune homme une question cruciale pour elle : faut-il mieux être privé ou prisonnier de l'amour maternel ? Lorsque le calme est revenu dans la maison dévastée on pourra noter l'étrange application que met Lydia Brenner à réunir les morceaux épars d'un service en porcelaine : ne s'agit-il pas là pour elle d'une tentative pathétique et dérisoire pour recoller les morceaux d'une relation à tout jamais brisée ?

On pourrait s'étonner que la haine d'une mère n'épargne pas ses enfants et que la fille même de Lydia Brenner, si l'on suit notre hypothèse, soit elle aussi victime du déchaînement des oiseaux. Ce serait oublier l'extraordinaire ambivalence dont peut se teinter un amour poussé dans ses retranchements pathologiques, pouvant à la fois emprisonner son objet et s'en priver. La mythologie n'est pas avare d'exemples de ce genre et il suffit de penser à la légende de Médée, la magicienne abandonnée par Jason, pour se rappeler que des enfants bien-aimés peuvent être sacrifiés sur l'autel de la passion maternelle déçue. On peut également citer une phrase d'Alfred Hitchcock lui-même, prononcée à l'époque du tournage des *Oiseaux* : « On tue ce qu'on aime… »

L'épisode suivant est traité dans le récit hitchcockien d'une façon tout à fait particulière : Lydia Brenner rend visite à un fermier du voisinage et le découvre mort dans sa chambre, les yeux crevés par une horde d'oiseaux qui s'est introduite chez lui. Horrifiée par ce spectacle la femme se précipite hors de la maison et se dirige vers son véhicule. Un premier détail peut alors paraître étrange : elle rencontre un ouvrier agricole, employé du fermier, et ne lui fait pas part du drame qu'elle vient de découvrir. Elle roule jusque chez elle, prend dans ses phares le couple Mitch-Melanie en train de discuter et fonce menaçante sur eux, puis elle descend de son véhicule et – deuxième détail troublant – ne leur parle pas davantage du spectacle horrible : elle passe entre eux exaspérée et les écarte avec un cri de rage. Dans la logique que nous avons commencé à dégager, cette scène apparemment inexplicable pourrait trouver son sens. Le cri de rage que la mère adresse à son fils et à l'intruse est en fait un reproche ardent, formulé dans une sorte d'égarement : « Voyez tous deux à quoi vous m'avez réduite, les oiseaux de ma haine n'épargnent plus personne ! » Si une nouvelle référence au mythe s'impose, c'est à celui d'Œdipe cette fois, mythe freudien par excellence, et ce sont les yeux crevés du fermier qui adressent leur message terrifiant à une nouvelle Jocaste, débordée par ses pulsions agressives. Œdipe est d'ailleurs nommément cité dans le film par Annie, à propos des rapports de Mitch et de sa mère : « Qu'Œdipe ne m'en veuille pas, mais je ne crois pas que c'était ça… » Notons, une fois de plus, le caractère de dénégation de cette formule.

Cette scène marque un temps dans le récit car elle impose au personnage de la mère un revirement : bouleversée par le choc qu'elle vient de ressentir, Lydia fait à Melanie l'aveu de sa jalousie et de sa peur, allant jusqu'à lui faire part de son ambivalence : « Je ne sais si je vous aime ou si je vous déteste. » L'idée qui s'impose à elle, aussitôt cette phrase prononcée et sur le mode d'une association directe, témoigne d'un mécanisme psychique de déplacement : elle s'inquiète soudain du danger que pourrait courir sa fille à l'école et demande de manière pressante à Melanie d'aller la chercher. Provisoirement détachée de la jeune femme par la vertu de l'aveu, l'agressivité de la mère, retournée en son contraire sous la forme de l'angoisse d'un danger imminent encouru par celle-ci, se reporte instantanément sur sa propre fille. Là encore le fantasme maternel va prendre corps et l'attaque redoutée se produire dans le réel : si Melanie et Cathy y échappent, Annie l'institutrice y laisse la vie, payant ainsi pour la seconde fois et de façon définitive le prix de sa séduction auprès de Mitch et de sa jeune sœur.

Poursuivons le récit jusqu'à cette scène apocalyptique où le centre de Bodega Bay est littéralement mis à feu et à sang. Melanie et Mitch se réfugient dans un café et sitôt arrivés essuient les regards accusateurs des personnes rassemblées là pour se protéger de l'attaque. Melanie est même directement prise à partie par une femme accompagnée de ses deux enfants qui lui lance, haineuse : « Tout cela est de votre faute, allez-vous-en ! » Les paroles de cette femme pourraient sembler dictées par le choc qu'elle a subi et dénuées de fondement si l'on n'avait à l'esprit l'hypothèse que nous développons. Exprimée précisément par une mère, la terrible accusation – à laquelle Melanie réagit d'ailleurs violemment – pèse ici de tout son poids : dans la logique sous-jacente sur laquelle est construit le récit, Melanie est bien en effet à l'origine des catastrophes qui s'abattent sur Bodega Bay.

Nous en arrivons à la scène suivante, qui mène à la conclusion du film : les quatre personnages principaux se retrouvent barricadés dans la maison assiégée par les oiseaux. Une séquence doit retenir notre attention : dans un calme annonciateur des grandes tempêtes Melanie s'occupe pendant un moment de la jeune sœur de Mitch, la prenant sous son aile et témoignant pour elle d'une sollicitude toute maternelle. La tension devenant trop forte pour Cathy, celle-ci est saisie de nausées et Melanie, toujours dans cette position de mère, l'accompagne alors à la salle de bains, sans que Lydia Brenner manifeste la moindre réaction. À peine en reviennent-elles que le vacarme des oiseaux attaquant la maison se fait entendre et le mouvement des personnages que cet événement provoque est alors saisissant, la petite fille étant littéralement arrachée des bras de Melanie pour se retrouver dans ceux de sa mère : l'assaut des volatiles n'a-t-il pas eu pour seule fonction de provoquer ces retrouvailles ? Ne peut-on une fois de plus attribuer cette agression et ses conséquences aux profonds bouleversements qui agitent le psychisme de Lydia Brenner, apparemment absente ?

Vient alors l'avant-dernière séquence : pendant que tout le monde somnole dans la maison, Melanie, intriguée par un grattement suspect, monte lentement à l'étage et ouvre la porte de la chambre d'où provient le bruit. Cet acte d'une imprudence folle est accompli par elle de manière quasi somnambulique, nous pourrions même dire sous influence, tant sa main, au moment où elle tourne le bouton de la porte, semble échapper à son contrôle. Elle se trouve alors menée – par la volonté inexorable d'une autre ? – dans cette chambre peuplée d'oiseaux pour y être enfin immolée à la colère maternelle. C'est bien en effet à une sorte de curée que nous avons le sentiment pénible d'assister et si le sadisme d'une mère bafouée y est ici à l'œuvre, celui du metteur en scène n'en est pas absent, nous aurons à y revenir.

L'intervention de Mitch sauve Melanie de la mort mais ne peut la préserver des effets du traumatisme qu'elle vient de subir. La jeune femme pimpante et audacieuse du début est maintenant une petite fille hébétée, apeurée, murée dans une attitude catatonique. Melanie a payé, très cher, son intrusion amoureuse dans l'univers clos des Brenner et le film peut trouver sa conclusion dans deux images qui ont ceci de paradoxal que l'apaisement et la tendresse y sont le signe terrifiant de l'effondrement mental de la jeune femme : à partir du moment où Melanie est mise hors d'état de nuire à la relation de Mitch et de sa mère, la radio annonce que les attaques des oiseaux ont cessé et le film s'achève sur le premier geste de Lydia Brenner pour la jeune femme : d'une aile maternelle elle entoure les épaules de celle qui est devenue une fillette perdue.

Les oiseaux apaisés n'attaqueront plus Bodega Bay : Lydia Brenner, rappelée à l'amour, berce maintenant sa petite fille psychotique.

Nous avons postulé que le récit des *Oiseaux* fonctionnait à la fois à la manière d'un délire psychotique et d'un mythe et que ces deux aspects latents du film, au regard d'une intrigue manifeste relativement banale, en expliquaient l'impact profond sur le public. Reprenons maintenant plus en détail ces deux versants.

Nous avons montré que le film d'Alfred Hitchcock pouvait s'analyser comme le délire de Lydia Brenner, dont l'équilibre psychique a été gravement mis en péril par l'intrusion de Melanie. Mais il est vrai, ainsi que nous le laissions entendre au début, que le délire en question pourrait bien être aussi celui de Melanie, faisant pour la deuxième fois de sa vie la mauvaise rencontre avec le rejet maternel et accomplissant à la fin du film son destin de psychotique. À l'appui de cette seconde hypothèse nous invoquerons le fait clinique suivant : le délire (de persécution) comme l'hallucination (visuelle ou auditive) font de celui qui en souffre une victime, poursuivie en permanence par ses propres élaborations psychiques. Les objets, quand ce n'est pas l'humanité tout entière ou la gent animale, vont se retourner contre lui, des voix internes vont l'accuser, des signes menaçants vont surgir de son entourage. Le délire, d'abord discret et limité à quelques signes interprétés par le sujet, va bientôt se systématiser et s'étendre à tout son environnement. C'est en fait ce qui arrive à Melanie que l'on voit au fil du récit poursuivie par la presse, accusée d'être responsable d'événements incontrôlables et mise à mal par les oiseaux après qu'ils ont étendu leur vindicte à la ville tout entière. De plus, un élément essentiel de l'histoire de la jeune femme doit attirer notre attention : elle a été abandonnée par sa mère étant petite.

Il est de ce point de vue un autre fait clinique : les enfants victimes d'un abandon maternel précoce ne développent que rarement un sentiment hostile envers celle qui a créé ce manque dans leur existence : au contraire, on les voit le plus souvent retourner contre eux cette haine, s'imaginant que seul le fait d'être un mauvais objet leur a valu un tel sort. De là à s'en punir toute leur vie il n'y a qu'un pas, que les névrosés franchissent en enchaînant échecs et abandons. Les psychotiques ont des solutions psychiques plus radicales et si le thème de l'expiation fait partie de leur problématique ce sera sur un mode réel, soit par la constitution d'un délire à thème d'autopunition, soit par une activité hallucinatoire qui donnera consistance au châtiment, soit encore par des automutilations ou un passage à l'acte suicidaire sans appel.

Le comportement étrange de Melanie à plusieurs moments du film pourrait plaider en faveur de troubles psychiques graves : son invraisemblable intrusion dans une maison inconnue, son insistance à pénétrer dans l'intimité de Lydia malgré les réticences évidentes de celle-ci, son acte suicidaire final. Sa rencontre avec une mère rejetante ne peut pas être sans effets sur ses souvenirs douloureux, sa propre mère l'ayant abandonnée, pour s'envoler avec un oiseau de passage. Lisant dans les yeux de Lydia Brenner l'agressivité que celle-ci éprouve à son égard, est-il impensable que s'actualise sous une forme réelle la haine envers elle qu'elle suppose à l'oiseau qui a quitté le nid, la laissant à l'époque seule aux prises avec des sentiments inassimilables ? Chacune des attaques d'oiseaux que nous avons analysées plus haut serait alors à entendre comme hallucinatoire, illustrant le déchaînement contre Melanie elle-même de ses pulsions haineuses envers Lydia ou plus exactement envers le lien que celle-ci entretient avec son fils. À cet égard, chacun des épisodes que nous avons relevés qui liaient passion relationnelle et attaque des oiseaux peut être relu à la lumière de cette nouvelle hypothèse et nous verrons que la dynamique sous-jacente du récit fonctionne aussi bien de ce point de vue (la psychose de Melanie) que du précédent (le délire de Lydia).

Que ces deux points de vue puissent expliquer de manière également convaincante les événements du film nous inciterait à les faire coexister : une rencontre se serait ainsi produite, le véritable couple du film n'étant évidemment pas Mitch et Melanie mais bien Melanie et Lydia, à l'image de ces délires à deux dont la clinique abonde. Mère et fille réunies par la passion folle de détruire, voilà qui nous ramène une fois de plus à *Psychose* qui mettait en scène un couple mère-fils voué au meurtre.

Freud s'est relativement peu aventuré sur le terrain de la psychose et il se montrait pessimiste quant à la curabilité d'une telle affection mentale. Il en a cependant décrit les mécanismes avec son habituelle acuité dans deux études de cas restés célèbres : ceux du Président Schreber et de l'Homme aux Loups. Le premier lui a fourni avec le journal de sa folie des éléments précieux pour une étude détaillée des mécanismes délirants, le second lui a permis entre autres de dégager le processus à l'œuvre dans l'hallucination et de léguer à la postérité un terme fécond : la *Verwerfung*. C'est ce terme précisément – que Jacques Lacan a traduit par *forclusion*, et qu'il a posé comme défaut inaugural – qui va permettre une avancée sans équivalent dans la compréhension de la structure psychotique. La recherche d'un mécanisme de défense qui serait spécifique de la psychose amène Freud à une formulation décisive qui rompt avec l'idée d'un quelconque retour du refoulé, comme c'est le cas chez le névrosé : dans le processus psychotique ce qui a été aboli à l'intérieur revient de l'extérieur. C'est à partir de cette définition que Lacan a pu élaborer la sienne : « Ce qui a été forclos du symbolique réapparaît dans le réel » ; c'est en effet l'échec de la métaphore paternelle chez le sujet qui laisse un trou dans le réseau des signifiants. Dans la mesure où quelque chose n'a jamais été inscrit, l'impossible à symboliser fait retour dans le réel pour le sujet psychotique sous la forme de l'hallucination. C'est en ce sens que serait à entendre la *réalité* de l'attaque des oiseaux dans le récit hitchcockien, en tant que retour dans le réel pour Lydia Brenner de sa haine pour ses enfants, « hainamoration » dirait Lacan, qui lui fait craindre, plus que la mort elle-même, la rupture du lien. Retour dans le réel également pour Melanie, qui s'offre en sacrifice expiatoire à la vindicte de ses oiseaux du ciel pour payer à jamais d'avoir été le mauvais objet de sa mère.

Le délire, qui ne s'oppose pas à l'hallucination et lui fait même le plus souvent cortège, est décrit par Freud comme une tentative de guérison pour le psychotique ; Lacan fait quant à lui de la « métaphore délirante » un essai de stabilisation des signifiants déchaînés : pour Lydia comme pour Melanie la délirante vindicte des oiseaux contre laquelle elles doivent lutter, ou capituler, met à bonne distance – c'est-à-dire à l'extérieur – ce qu'elles sont toutes deux dans l'incapacité de reconnaître au plus profond d'elles-mêmes.

Ces mécanismes qui échappent aux intéressées sans jamais cesser pourtant de motiver leurs actes, sont, grâce à l'image, suggérés tout au long du film par une multitude de signes que le spectateur perçoit à son insu. Les processus identificatoires que le cinéma permet et provoque – par efflorescence imaginaire – vont également dans le sens d'une compréhension, d'un « savoir qui ne se sait pas », qui lie profondément le spectateur aux personnages du film, mais ceci uniquement si une véritable logique inconsciente sous-tend l'œuvre. Et c'est ici le cas, à n'en pas douter.

Otto Rank, cité par Donald Spoto dans son ouvrage sur Alfred Hitchcock, disait à propos du récit cinématographique :

> « Il peut se révéler que le cinématographe qui, de nombreuses façons, nous rappelle l'activité du rêve, puisse aussi exprimer certains faits et relations psychologiques… par des images si claires et si évidentes que notre compréhension en est facilitée. Le film attire notre attention d'autant plus aisément que nous avons appris, à partir de semblables études, qu'une version actuelle réussit souvent à faire retrouver le sens véritable d'un thème ancien que son cheminement dans la tradition a rendu inintelligible… Un sentiment obscur, mais inévitable, s'empare du spectateur et semble indiquer qu'on traite là de profonds problèmes humains… les problèmes intéressants et significatifs de la relation de l'homme à lui-même – et les troubles funestes de cette relation – trouvent ici leur représentation dans l'imaginaire. »

Rank, en assimilant ici le récit filmique à celui du rêve, ouvre la voie à plusieurs associations, que Freud avait lui-même développées en rapprochant les mécanismes du rêve, de ceux du délire et de l'hallucination. Il franchit un autre pas, dans la seconde partie de cette citation, en évoquant la capacité du cinéma à renouer par des images actuelles avec les mythes fondateurs de l'humanité.

Il existe en effet un point commun entre l'hallucination et le mythe dans la mesure où tous deux projettent à l'extérieur une réalité inconcevable ou inassimilable pour le sujet. Le mythe, qui explique les origines de l'humanité et les mouvements psychiques de l'homme en proie à ses passions sexuelles ou destructrices, se présente sous forme de récits qui semblent avoir pris naissance dans la nuit des temps. Ces récits dramatiques viennent ainsi du dehors à la rencontre de l'homme, ils lui sont contés par les dieux ou par les éléments. Jung disait des mythes qu'ils sont « une psychologie projetée au-dehors », la notion freudienne de *projection* décrivant précisément un mécanisme qui vise à attribuer à un autre ou à un objet une pensée ou une intention inacceptable pour le Moi. S'il s'avère qu'un scénario construit à la manière d'un délire hallucinatoire peut s'adresser directement à l'inconscient du spectateur, ainsi que nous l'avons vu plus haut, il est tout aussi vrai qu'un mythe traduit en images actuelles aura des résonances profondes sur celui qui assiste à sa représentation. Freud, précurseur en ce domaine comme en tant d'autres, en a donné la preuve : les correspondances qu'il a établies entre le mythe d'Œdipe et la tragédie d'*Hamlet* nous ont mieux fait comprendre les raisons de l'impact sur le public, à travers les âges, de la tragédie de Shakespeare.

On pourrait donc dire, en poursuivant notre raisonnement, que dans le film d'Alfred Hitchcock *Les oiseaux*, un mythe est à l'œuvre, celui de la mère archaïque, aussi présent dans le psychisme infantile que peut l'être celui du père de la horde primitive décrit par Freud dans *Totem et Tabou.* Le choix des oiseaux, dans cette perspective mythique, n'est pas indifférent non plus et leur rôle n'aurait pas pu, avec la même vraisemblance, être tenu par d'autres animaux. Rappelons-nous simplement à cet égard les ailes du Sphinx, l'aigle de Prométhée ou le caractère augural de l'observation du vol des oiseaux chez les anciens.

Entre les lignes d'une intrigue qui mêle une aventure sentimentale frivole à quelques scènes d'horreur pure se développerait donc la noblesse d'un récit mythique propre à faire écho aux préoccupations inconscientes de chacun.

N'oublions cependant pas qu'à partir de la nouvelle anecdotique de Daphné Du Maurier, c'est Alfred Hitchcock qui est responsable du scénario des *Oiseaux* et que tout ce que nous en avons dégagé est à mettre à l'actif de celui-ci. Il serait peu vraisemblable d'imaginer que des connaissances précises de la clinique psychanalytique lui aient permis de créer le tissu de significations que recèle son film : une intention délibérée de sa part aurait probablement donné lieu à une démonstration plus pesante, qu'il s'agisse de la dimension délirante ou de la dimension mythique présentes dans cette œuvre. Il semble bien au contraire que la cohérence du récit, de ces deux points de vue, lui ait été dictée par des nécessités inconscientes, liées sans aucun doute à sa propre histoire. Sur cette histoire

Hitchcock s'est toujours montré extrêmement discret, ne livrant qu'avec une grande parcimonie des détails concernant son enfance et ses relations avec sa famille. Cette réticence est-elle à mettre au compte d'une pudeur naturelle ou du souci de ne pas réveiller le souvenir d'événements psychiques pénibles ? Il nous est impossible de trancher, encore que l'œuvre hitchcockienne nous laisse entrevoir des éléments qui vont dans le sens de la deuxième hypothèse.

La production cinématographique d'Alfred Hitchcock s'est développée selon une courbe ascendante qui a atteint son apogée avec *Les oiseaux*. Ses chefs-d'œuvre incontestés, parmi lesquels *Rebecca*, *Sueurs froides*, *La mort aux trousses* et bien sûr *Psychose*, se situent dans la période qui précède ce film. Les suivants, *Marnie*, *Le rideau déchiré*, *L'étau*, *Frenzy* et *Complot de famille* ont connu des destins variés, mais le succès public et critique ne fut plus au rendez-vous. Surtout, de l'aveu de tous ceux qui l'ont approché, l'état psychique du maître, déjà passablement altéré au cours du tournage des *Oiseaux*, s'est considérablement dégradé lors des suivants. Avait-il atteint avec *Les oiseaux* le sommet de son art, ou surtout avait-il approché avec ce film le foyer de sa créativité au point d'y brûler ses propres ailes ? C'est ce que nous pouvons supposer. Hélas pour lui cette rencontre n'a pas eu valeur de catharsis, mais l'a au contraire laissé épuisé, le recours au récit cinématographique ne lui étant plus dès lors d'un grand secours.

Parmi les quelques souvenirs d'enfance qu'Alfred Hitchcock a bien voulu confier à ses interviewers, deux nous semblent susceptibles d'éclairer notre propos. Le premier, qu'il se plaisait à raconter, est un souvenir terrifiant : suite à une sottise qu'il avait commise, son père l'envoya au commissariat du quartier avec un mot à remettre au policier de service. Après l'avoir lu, celui-ci enferma le petit garçon dans une cellule, derrière les barreaux, comme un malfaiteur. Alfred Hitchcock enfant a donc été mis en cage et cela a pu lui faire vivre, en quelque sorte dans le réel, la signification de son patronyme : en effet il n'est pas indifférent de noter qu'en anglais *hitch* peut avoir un sens proche de celui d'attacher ou de lier, et que *cock* signifie oiseau (mâle) et dans le langage populaire anglais : sexe masculin !

Le second souvenir qu'Hitchcock nous a livré donne à cet épisode traumatique tout son sens : en effet, soulignant les consonances de son nom de famille, le surnom qui lui avait été donné lorsqu'il était enfant était « Cocky », qui signifie en anglais « petit oiseau ». Plus tard, devenu adulte et célèbre, Alfred Hitchcock fut surnommé « Hitch » et il faut nous souvenir qu'il a souhaité donner au héros masculin des *Oiseaux* le nom de « Mitch », ce qui n'est certainement pas un hasard. De « Hitch-Cock » à « Mitch-Cocky », aux consonances si proches du nom du réalisateur, voilà qui viendrait ici signifier le mouvement rétrograde reliant le héros assiégé des *Oiseaux* à l'enfant-oiseau mis en cage. Du « petit oiseau » aux *Oiseaux* la boucle serait donc bouclée, le célèbre réalisateur rattrapé ainsi sur la fin de sa vie par le signifiant de son nom patronymique.

Si ce signifiant a pesé d'un tel poids sur Alfred Hitchcock c'est probablement qu'il a marqué de son sceau les relations précoces de celui-ci à son environnement familial et l'on imagine par exemple ce qu'a pu représenter pour le jeune Alfred le fait d'être le « petit oiseau » de sa mère, attaché à celle-ci par des liens dont nous ignorons la nature...

En effet, des relations d'Hitchcock avec sa mère nous savons fort peu de chose, sinon qu'il resta auprès d'elle après la disparition de son père et fut son seul soutien. Un élément essentiel, relevé par Serge Tisseron dans son article « Alfred Hitchcock et la mise en scène du désir filmique », nous donne cependant une indication sur la nature des relations précoces que le metteur en scène a pu entretenir avec sa mère. Se référant aux entretiens d'Alfred Hitchcock avec François Truffaut, Serge Tisseron isole et analyse une séquence particulièrement signficative :

> « F.T. : Évidemment, le plaisir que l'on prend à filmer des choses effrayantes pourrait devenir une forme de sadisme

intellectuel, mais je crois que celui-ci peut aussi être très sain.

A.H. : Je le crois aussi. Une preuve d'amour que la mère donne à son jeune bébé est de lui faire peur avec des gestes et des bruits de bouche. Le bébé a peur, et il rit et il bat des mains, et dès qu'il sait parler il dit "encore". Une journaliste anglaise a écrit que *Psycho* était le film d'un sophistiqué barbare, c'est peut-être vrai, hein ? »

Serge Tisseron s'interroge à juste titre sur la réponse du réalisateur :

« Qu'est-ce qui prouve à Hitchcock que le plaisir du bébé face à une mère qui fait des bruits de bouche soit justement de la peur ? Et si le bébé éprouve de la peur, est-ce bien sûr que ce soient les gestes et les bruits de bouche de sa mère qui la fassent naître en lui ? Remarquons encore que la réflexion d'Hitchcock sur la mère qui fait peur à son bébé vient en réponse à une question de Truffaut sur la cruauté : "Non, non", répond à peu près Hitchcock, "c'est une preuve d'amour, comme une mère avec son bébé." Ainsi non

> seulement la peur imposée par la mère cesse-t-elle d'être négative, non seulement elle devient preuve d'amour, mais encore elle est instituée en principe d'équilibre. Hitchcock l'angoissé… sait assurément ce qu'est la peur… il a décidé de croire que la peur était bénéfique, même au bébé. Que, infligée par la mère, elle n'était pas la manifestation d'un sadisme, comme le suggérait Truffaut, mais d'un amour. »

Ainsi, à suivre Serge Tisseron, ce pourrait bien être sous le signe de la peur, face au sadisme maternel, que se sont nouées les premières relations d'amour du jeune Alfred Hitchcock. Remarquons, au cours de l'entretien avec François Truffaut, l'association immédiate qui se fait dans l'esprit du réalisateur, passant sans transition de la peur du bébé face à sa mère au film *Psychose* : assurément la production cinématographique du grand metteur en scène fut le moyen privilégié – utilisé par lui avec génie – pour tenir à distance le trauma initial et tout porte à penser que c'est au moment du tournage des *Oiseaux* qu'un coup d'arrêt fut donné à cet effort jusque-là couronné de succès, laissant de nouveau Alfred Hitchcock seul, face à ses fantômes.

La rencontre d'Hitchcock avec Tippi Hedren, qui sera l'héroïne des *Oiseaux* et de *Marnie*, semble aller de pair avec le déclenchement des troubles qui saisirent le maître à cette époque de sa vie. De nombreuses anecdotes émaillant le tournage de ces deux films témoignent de la prodigieuse ambivalence dont fit preuve le réalisateur à l'égard de son héroïne. On sait maintenant à quel point furent éprouvantes pour la jeune comédienne ses relations avec Hitchcock et combien elle eut à souffrir, psychiquement et physiquement, de l'atmosphère des tournages. Rappelons-nous la fameuse phrase du metteur en scène, prononcée à l'époque du tournage des *Oiseaux* : « On tue ce qu'on aime. » Hitchcock en effet s'acharna sur Tippi Hedren au point de lui faire subir réellement les attaques des oiseaux que l'héroïne Melanie était censée affronter, tout en lui manifestant un attachement d'un type particulier, un amour tyrannique qui ne laissait à la jeune femme aucune liberté, la surveillance du maître se montrant à tout instant implacable. Cet amour exclusif se présentait de plus sous la forme d'un sadisme actif, qui s'étendit même à l'époque de *Marnie* jusqu'à la fille de la comédienne (prénommée Melanie !) à qui Hitchcock fit parvenir une effigie de sa mère, vêtue du costume de l'héroïne des *Oiseaux*, dans un petit cercueil de sapin…

L'ensemble des indications que nous venons de dégager nous montrent Alfred Hitchcock en proie à une vacillation au moment crucial de la création des *Oiseaux*, oscillant entre trois positions identificatoires : le fils, les oiseaux, la mère.

Du fils, Hitchcock porte le nom et comme le personnage du film il a eu affaire au sadisme maternel, sadisme dans lequel il n'a voulu voir que de l'amour. Des oiseaux il plie sous le poids, du fait d'une identification précoce, facilitée par son patronyme et par le surnom qui lui fut donné. Enfin de la mère il incarne la toute-puissance sur l'enfant, en se faisant le créateur d'une star qui lui doit tout, en la chaperonnant de la façon la plus sévère, mais surtout en lui faisant subir le raffinement de son sadisme. On voit donc à quel point ce film a poussé le metteur en scène à occuper trois positions déterminantes, en écho à trois identifications qui furent centrales dans son histoire, chacune marquée par l'empreinte d'une peur impossible à reconnaître.

Si ce film marque l'apogée et préfigure le déclin de l'œuvre d'Alfred Hitchcock c'est que la constellation que nous venons de dégager y joue un rôle essentiel. On peut penser, au vu de la filmographie du metteur en scène, qu'après la production des *Oiseaux* tout était dit pour lui, hormis peut-être les dernières paroles de *Marnie* : « Tu n'as pas pu ne pas m'aimer, maman, non, tu n'as pas pu ! »

Dans *Les oiseaux*, Alfred Hitchcock *réalise*, avec l'équivoque que permet ici ce terme, ce qu'il avait pu jusque-là tenir à distance : l'impensable de sa relation à sa mère, le thème de ce film lui en fournissant l'occasion unique. Que cette occasion fût celle de la mauvaise rencontre – avec son impensé – explique qu'il ait payé là sa « livre de chair », destin en cela comparable à celui de nombre de grands créateurs. Par un retournement bien connu de ceux qui pratiquent la logique de l'inconscient, l'amour a laissé place au sadisme originaire et l'enfant Alfred Hitchcock s'est retrouvé sans armes face à la peur qu'il avait si bien su distiller.

Cette peur, qui fut et qui reste pour les spectateurs des films d'Alfred Hitchcock sa signature, n'était-elle pas, dès l'origine, inscrite dans son état civil si l'on pense à l'homonymie frappante qui existe en anglais entre « Alfred » et « Afraid » ? Dès lors le nom du célèbre réalisateur sonne autrement à nos oreilles, comme il a pu pour lui s'organiser en chaîne signifiante, et c'est ainsi qu'Alfred Hitchcock cède la place à « Afraid-hitch-cock », l'« oiseau-lié-effrayé », qui devient le chiffre de sa destinée.

Harry, « huneimlich » qui vous veut du bien…

« Il sera intéressant d'apprendre l'effet qui se produit quand il nous arrive d'être confrontés à l'image de notre propre personnage, sans qu'on l'ait appelée… » nous dit Freud à propos du thème du *double* dans son célèbre article sur *L'inquiétante étrangeté*, sensation qu'il illustre par une anecdote le concernant :

> « J'étais assis tout seul dans un compartiment de wagon-lit, lorsque sous l'effet d'une secousse du train un peu plus rude que les autres, la porte qui menait aux toilettes attenantes s'ouvrit, et un monsieur d'un certain âge, en robe de chambre, le bonnet de voyage sur la tête, entra chez moi. Je supposai qu'il s'était trompé de direction en quittant le cabinet qui se trouvait entre deux compartiments

> et qu'il était entré dans mon compartiment par erreur ; je me levai d'un bond pour le détromper, mais je reconnus bientôt, abasourdi, que l'intrus était ma propre image renvoyée par le miroir de la porte de communication. Je sais encore que cette apparition m'avait été foncièrement désagréable. Au lieu de m'effrayer de mon double je ne l'avais tout simplement pas identifié. Mais le désagrément concomitant n'était-il pas tout de même un reste de cette réaction archaïque qui ressent le double comme inquiétant ? »

Dans un autre passage de cet article, toujours à partir du modèle du *double* Freud illustre le trouble qui peut nous saisir face à *la répétition de ce qui est de même nature,* ce quelque chose qui porte la marque du phénomène inconscient, la révélation d'un désir à soi-même étranger ou ce qui, tel le Réel, revient – comme le dit Lacan – toujours à la même place :

> « Un jour que je flânais, par une chaude après-midi d'été, dans les rues inconnues de moi et désertes d'une petite

ville italienne, je tombai dans un quartier sur le caractère duquel je ne pus longtemps rester dans le doute. Aux fenêtres des petites maisons, on ne pouvait voir que des femmes fardées, et je me hâtai de quitter cette rue étroite au premier tournant. Mais après avoir pendant un moment tourné en rond sans guide, je me retrouvai soudain dans la même rue où je commençai alors à faire sensation, et mon éloignement hâtif eut pour seule conséquence de m'y faire retomber une troisième fois par un nouveau détour. Mais alors s'empara de moi un sentiment que je ne puis qualifier que d'inquiétant et je fus bien content, renonçant à poursuivre mes explorations, de me retrouver sur la piazza que j'avais quittée peu de temps auparavant. »

Ces deux anecdotes dans lesquelles Freud, selon son habitude, n'hésite pas à se livrer « sans fard » comme objet d'étude, doivent retenir notre attention. La première – celle de la rencontre avec son double du miroir – parce qu'elle se déroule dans un train, lieu de la phobie avouée de

Freud et associée à un souvenir traumatique, depuis que d'une fenêtre de wagon en gare de Breslau il pensa apercevoir les flammes de l'enfer, la seconde – celle de son errance dans la ville italienne – parce qu'elle révèle assez crûment la force qui a mené Freud par trois fois « à son corps défendant » vers une autre sorte d'« enfer » qui, pour ne pas être celui des bibliothèques, range cependant les femmes fardées sur les rayonnages des fenêtres d'un quartier « chaud ». C'est donc la rencontre de Freud avec son désir qui donne à ces expériences de *double* ou de « duplication » leur caractère inquiétant, étrange, la répétition du même ou le surgissement de l'image dans le miroir faisant la part belle à cet « étranger » qui lui renvoie son propre message sous une forme inversée, message dans lequel, au moins dans un premier temps, il ne peut se reconnaître.

Dans l'étude étymologique très complète à laquelle il se livre au début de son article, Freud relève parmi les nombreux sens possibles en allemand du terme *heimlich* celui de « rencontre » ou de « rendez-vous » et c'est bien cette dimension qui nous saisit au tout début du film *Harry, un ami qui vous veut du bien*, lorsque dans les toilettes, non pas d'un train mais d'une station-service, l'ami oublié, Harry, fait sa première apparition.

Michel, sa femme Claire et leurs trois enfants roulent depuis un moment vers leur maison de vacances dans le Cantal. Il fait chaud, les enfants trouvent le voyage long, ils s'énervent et les esprits s'échauffent. Ils font une halte sur une aire d'autoroute dans l'espoir de calmer un peu les enfants. C'est là, dans les toilettes, que Michel est abordé par un homme, Harry, qui lui rappelle qu'ils étaient au lycée ensemble. Si Michel ne se souvient pas bien de lui, Harry, en revanche, a des souvenirs très précis de ce temps-là.

Michel, voyant son ami heureux de ces retrouvailles inattendues, accepte de les inviter, lui et sa compagne Prune.

Arrivés dans la maison de campagne, qui nécessite encore de nombreux travaux pour être une résidence secondaire digne de ce nom et devenir synonyme de repos et de farniente, les deux couples font connaissance. La mémoire d'Harry est stupéfiante : il se souvient encore des poèmes qu'écrivait Michel pendant leurs années de lycée, il est même capable de les réciter par cœur. La femme de Michel, qui ne lui connaissait pas ce talent, découvre un aspect de la personnalité de son mari qui l'amène à s'interroger.

Au fil des jours suivants, Harry voit son ami travailler dur pour rendre cette demeure habitable et ne comprend pas : ce sont leurs vacances, ils pourraient donner ces travaux à faire. Et puis il y a les parents de Michel qui veulent absolument voir leurs petits-enfants. Il y a la voiture qui tombe en panne... Harry proposera des solutions pour tout, que Claire et Michel ne peuvent et ne veulent pas accepter. Il leur offre pourtant un magnifique 4×4 rouge pour les dépanner et remplacer leur vieille voiture, ce qui va créer des tensions dans le couple de Michel et Claire. Il neutralisera ensuite les parents et le frère de Michel, avant de se livrer à des actes encore plus définitifs.

Où cela va-t-il les mener ? Où veut en venir cet inquiétant Harry qui semble en savoir plus sur Michel que ce dernier lui-même ? Pourquoi insiste-t-il autant pour les aider et les délivrer de leurs soucis ? Le film ne nous le dit jamais vraiment mais toujours est-il que, peu à peu, Harry va réaliser, de la façon la plus violente parfois, les désirs de celui sur qui il a jeté son dévolu, lequel, empêtré dans ses inhibitions, n'aurait jamais songé régler ses problèmes de manière aussi radicale.

Harry apparaît donc dans les toilettes de l'aire de repos : « apparition » semble le mot juste en la circonstance, tant le visage vultueux d'Harry, face au miroir qui surmonte les lavabos, tout à la jouissance des retrouvailles avec Michel, provoque un malaise certain chez le spectateur. Son sourire inquiétant, écartant – en ce qui le concerne – toute idée de hasard ou de surprise, transforme cette rencontre fortuite en un rendez-vous fixé par lui de longue date, l'expression de bonheur affichée par Harry témoignant de la réalisation de son désir. Que cette rencontre se joue face à un miroir nous ramène à la notion du *double* évoqué par Freud dans son anecdote ferroviaire, d'autant plus que dans cette image figée qui lui tend les bras, petit autre se superposant par transparence à quelque grand Autre en position de statue du Commandeur, Michel, le héros du film, ne se reconnaît pas. Pour ce dernier, contrairement à Harry, hasard et surprise semblent au rendez-vous. En effet ce père tranquille, subissant avec patience dans le huis-clos de sa voiture les vicissitudes un peu caricaturales de la vie de famille, ne reconnaît pas Harry dans le grand miroir des toilettes, cet inconnu au prénom étranger qui très vite, imposant son encombrante présence, va se montrer dans les scènes suivantes détenteur d'un savoir non pas supposé mais bien réel sur le désir de son ami enfin retrouvé.

Tout au long du film, à partir de cette confrontation inaugurale avec son double, inquiétante tout autant qu'étrange, Michel, dans sa maison inachevée, flanquée du trou dangereux de son puisard non comblé, va se précipiter à la rencontre de son désir, qu'Harry va l'aider à réaliser. Il sera poussé en cela par la force phallique et terrifiante de ce dernier, fleuve pulsionnel que rien, ni obstacle matériel, ni conscience morale, ne pourra arrêter. Il va ainsi, par l'entremise d'Harry, successivement se débarrasser des images encombrantes et inhibantes de ses parents, de l'agressivité jalouse de son frère, du spectre de sa culpabilité névrotique, il va rencontrer sa propre force créatrice, réveiller sa libido étouffée « dans l'œuf » et jouir même sans entrave d'un certain confort matériel.

Parmi les sens possibles dont Freud fait état à propos du terme *heimlich*, notons celui-ci :

> « “Les Untel sont tous *heimlich.*
> — *Heimlich* ? Qu'entendez-vous par *heimlich* ?

— Eh bien… j'ai la même impression avec eux qu'avec un puits comblé…" »

C'est avec des cadavres que le puisard dangereux de la maison inachevée sera comblé à la fin du film. Mais s'agit-il vraiment de cadavres ou plutôt d'identifications encombrantes dont le héros se dépouille peu à peu ? Le dernier corps à venir obstruer le vide dangereux sera celui d'Harry lui-même, devenu déchet encombrant et inutile, face au désir autrefois inhibé mais maintenant assumé de Michel. Comme Harry ce dernier aura tué, comme Harry il aura désiré, il aime maintenant ce qu'il produit autant qu'Harry l'aimait, comme lui il peut jouir sans empêchement de ses objets de consommation. En fin de parcours le « bien » qu'Harry lui a voulu, suggéré par le titre du film, est advenu pour Michel.

« Harry, un ami qui vous veut du bien », est en effet une formulation qui peut nous interroger : pourquoi ce « qui *vous* veut », sinon peut-être pour nous signifier qu'au fond de chacun de nous gît un Harry, *unheimlich*, un double qui attend que nous le reconnaissions ? Un double chargé, comme le souligne Freud dans son article sur *L'inquiétante étrangeté*, « de toutes les possibilités non réalisées de forger notre destin…, de toutes les aspirations du moi qui n'ont pu se faire une place par suite de circonstances extérieures défavorables, de même que de toutes les décisions de la volonté réprimées… ».

Je me souviens de la faculté de psychologie à Nanterre… et du nom de la station de train qui la desservait : La Folie…

Je me souviens du Mouvement du 22 mars, des premiers frémissements annonciateurs de Mai 68…

Je me souviens de la voix de Didier Anzieu poursuivant son cours dans le noir complet après que des contestataires eurent coupé le courant de l'amphithéâtre…

Je me souviens de Lacan à la faculté de Vincennes, lançant aux étudiants venus le chahuter son fameux : « Vous cherchez un maître, vous l'aurez ! »…

Je me souviens des assemblées générales, du boycott des examens, des appariteurs musclés…

Je me souviens de l'assassinat de Pierre Overney à Billancourt…

Je me souviens des barricades de la rue Gay-Lussac…

Je me souviens de la pénurie d'essence, de la grève générale…

Je me souviens du préfet Grimaud et lui rends grâce d'avoir su éviter le pire, lorsque j'imagine quelles méthodes un Papon, à sa place, aurait employées…

Je me souviens d'avoir fait un rêve à l'époque : à l'issue d'une manifestation, après avoir crié « À l'Élysée ! », la troupe dont je faisais partie forçait les portes du palais présidentiel et se retrouvait face au Général. Statue du Commandeur, assis à son bureau, les deux mains posées sur son sous-main et le dos raide, il nous regardait sans ciller et nous reculions, impressionnés par sa stature…

Je me souviens de son allocution radiophonique, au plus fort de la tourmente et de son « Je ne me retirerai pas ! ». Quelle meilleure expression employer quand on s'appelle de Gaulle et que l'on se veut père de la Nation… ? Comprenne qui voudra.

Je me souviens de l'élection de Georges Pompidou...

Je me souviens de W ou le souvenir d'enfance...

L'enjeu inconscient d'une élection

« Oh, vous savez, moi, la psychanalyse… » est une formule souvent employée par ceux chez qui l'inconscient est le plus manifestement à l'œuvre, ceux qui souffrent de symptômes récurrents, ceux qui défaillent lorsque le succès est à leur porte. On n'échappe pas plus au politique qu'aux déterminations du langage, car nous sommes autant sujets de l'un que de l'autre, c'est pourquoi la formule que l'on entend tout aussi souvent : « Oh, vous savez, moi, la politique… » relève de la même volonté d'aveuglement, d'un « je n'en veux rien savoir » (de mon désir, de mon inconscient) qui la situe davantage du côté de cette « passion de l'ignorance » évoquée par Lacan, rendant l'homme radicalement étranger à ce qui l'anime le plus intimement, à commencer par ses symptômes.

Régulièrement nous élisons notre président de la République. Plus d'un an avant cette échéance nous y pensons déjà et s'il nous arrivait de l'oublier les médias se chargeraient quotidiennement de nous le rappeler. Mais celui que nous allons élire y pense depuis bien plus longtemps que nous. Pas seulement depuis qu'il est entré en politique mais depuis son enfance sans doute. En cela nous lui ressemblons, nous les anciens petits garçons qui avons tous ressenti la toute-puissance fantasmatique, chevaliers, rois, meneurs de troupes. Et les femmes, direz-vous ? Il est vrai qu'elles aussi se présentent, qu'elles aussi briguent cet honneur phallique, et elles nous rappellent par là même qu'en ce qui concerne la dimension phallique, garçons et filles sont logés à la même enseigne, celle du manque. Ce manque, Lacan l'a brillamment illustré par la formule : « La fille est sans l'avoir, le garçon n'est pas sans l'avoir », dont la négative est éloquente. Héros de tragédie antique nous avons même rêvé, aux alentours de nos quatre ans, d'éliminer sans merci notre principal rival pour régner en maître absolu sur le cœur de notre premier objet d'amour, notre mère. Puis nous avons abandonné cette trop dangereuse ambition pour la déplacer sur d'autres conquêtes : la loi de l'exogamie nous a fait franchir les frontières du cercle familial, généraux d'Empire nous avons alors défendu au-delà des mers les couleurs de la mère patrie, autre version du corps maternel. Mais ces rêves-là, nous les avons relégués aussi dans notre album d'enfance pour les déplacer de nouveau. Et nous voilà grimpant les échelles de la hiérarchie d'une entreprise, ou nous contentant d'une place qui pour être subalterne, satisfait plus ou moins nos ambitions ou ne met pas trop à mal notre narcissisme. Mais le candidat à la Présidence, à la différence de nous, n'a pas abandonné son rêve et il s'apprête à le concrétiser.

Le rêve, a dit Freud, est la réalisation *masquée* d'un désir *inconscient* : pour celui qui va accéder aux plus hautes fonctions, l'aboutissement du rêve sera la réalisation *manifeste* d'un désir *conscient*. Ce rêve-là, tout du moins, ce rêve de pouvoir, car pour le reste le candidat est un homme comme les autres, sujet de l'inconscient et de ses trébuchements, ce que nous avons, nous autres électeurs, parfois du mal à nous figurer, tant la fonction de cet homme politique l'identifie au Phallus, à un Autre non barré, comme dirait Lacan, c'est-à-dire un Autre non divisé, tout entier dans son acte et ses intentions, sujet de sa volonté et non de son inconscient. C'est sans doute cela que nous percevons en lui : qu'il n'ait pas renoncé à son rêve nous le fait imaginer comme non concerné par l'angoisse de castration, cette menace qui nous a fait renoncer à la plupart des nôtres. La psychanalyse aurait donc à dire sur la personnalité, le fantasme, la détermination inconsciente du candidat, puisque, à notre image, ce dernier est habité par un savoir inconscient dont il ne sait rien. De ce point de vue, fût-il le premier des Français, il est un homme comme les autres.

Et qu'en est-il de l'électeur ? À l'inverse, nous lui supposons sans peine un inconscient, parfois même, à l'exact opposé du Président, nous lui supposons à ce point un inconscient qu'on le pense, l'électeur moyen, parfaitement identifié à l'inconscient lui-même : un électeur inconscient en somme, versatile, fantasque, accordant sa voix à tel candidat pour des raisons qui, si on les connaissait vraiment, nous feraient frémir. Des raisons qui se situent à mille lieues d'une réflexion philosophique ou politique : simplement parce que celui pour qui il va voter ressemble à son père, par exemple. Un cliché psychanalytique qui a la vie dure – et pour de bonnes raisons – affirme précisément qu'à travers le Président on recherche un père, ce que le discours populaire avait également pressenti : père de la patrie, petit père du peuple, etc. Père d'élection, en tout cas ! Le bon sens populaire se trompe rarement, Freud attachait d'ailleurs à ses sentences la plus grande importance. Simplement quand on dit père, on n'a pas tout dit, nous allons le voir, et il reste bien évident, pour nuancer un propos qui pourrait paraître réducteur, que cette dimension n'est pas à l'œuvre chez chacun d'entre nous dans les mêmes proportions !

D'une manière singulière un événement de notre histoire contemporaine nous apporte un témoignage qui mérite notre intérêt : celui de Mohamed Garne, né d'un viol commis pendant la guerre d'Algérie par un soldat sur sa mère et qui a obtenu en partie réparation des dommages psychiques qui en ont résulté. Répondant à une interview il a affirmé : « Mon père c'est l'État français… mais qui est l'État ? Le chef des armées, le plus haut de ses représentants : aujourd'hui mon père c'est Jacques Chirac ! » Témoignage que l'on peut juger délirant mais qui n'en illustre pas moins la façon exceptionnelle dont se nouent les différentes figures du père attachées à l'État : père symbolique, imaginaire et même réel dans ce cas précis. Cas d'exception certes, mais qui n'en est pas moins révélateur : Freud nous a montré que les traits pathologiques de personnalité ne sont qu'une exacerbation de traits présents dans la normalité et utiles à notre fonctionnement psychique lorsqu'ils ne deviennent pas envahissants et demeurent de simples aspects de notre personnalité (obsession, hystérie, paranoïa, et même schizophrénie !).

L'enjeu inconscient d'une élection, quelle que soit son échéance, est du même ordre en ce qui concerne la figure paternelle. Mais les présidentielles du XXIe siècle présenteraient-elles quelques traits spécifiques ?

Le passage à l'an 2000, que les générations précédentes associaient, dans leur imaginaire nourri de lectures de science-fiction, au progrès technologique et social, restera plutôt marqué dans nos souvenirs par des menaces de ratés, ou des ratés bien réels, bien plus que par des avancées. Le fameux bug informatique annoncé en est un exemple, la tempête dévastatrice également, avec ses forêts abattues. 2001, on le sait maintenant, restera dans nos mémoires comme l'année de l'attentat contre le World Trade Center, traumatisme mondial dont personne ne s'est vraiment remis. Des arbres ou des tours : quand le vertical s'effondre, les résonances inconscientes sont incalculables et c'est l'angoisse qui se dresse là où se sont écroulées les certitudes. Cette angoisse-là porte aujourd'hui le nom de terreur, dont certains ont fait profession.

Les enjeux psychiques du passage à l'euro, qui marqua 2002, ne sont pas à négliger, quand on sait quels rapports l'argent entretient avec le corps dans l'inconscient : pour certains, le fait de voir disparaître une monnaie portant un nom homonymique du pays qu'ils habitent – et l'on sait qu'on habite bien davantage une langue qu'un pays – a pu avoir des conséquences que, pour le coup, on ne calcule pas encore. Perte des repères, sensation pour certains de se percevoir comme étrangers dans leur propre pays, désagréable, voire infantile et angoissant sentiment d'une diminution de son revenu, divisé par six.

Comme dans tout moment où vacillent les certitudes, l'attente vis-à-vis d'un futur Président s'en trouve renforcée, surtout si la fonction paternelle, comme le postule la psychanalyse, celle qui s'incarne au mieux du côté de la politique, des institutions et des lois, est ressentie avant tout comme une fonction protectrice.

La psychanalyse aurait-elle son mot à dire sur le politique ? Sans doute, si radicalisant les thèses qu'elle développe, ainsi que l'a fait Lacan à partir de la découverte inaugurale de Freud, on la définit comme une pure science du langage et de ses effets sur le sujet, incarné dans une parole, orienté par son désir : en ce sens chaque énonciation participerait d'une déclaration d'intention, soit un *discours*. Lacan, encore lui, l'a énoncé comme base de son enseignement : « L'inconscient est structuré comme un discours. » Or le discours, c'est le moins que l'on puisse en dire, est au principe même de l'expression du politique, micro, tribune, attente des militants et des citoyens. Dans cette logique on comprendra mieux pourquoi aux attendus d'un discours, la psychanalyse préférera ses inattendus, ses trébuchements, ses lapsus, en somme tout ce qui signale l'émergence du désir inconscient, lequel ne se signale jamais aussi clairement que dans l'accidentel. Le discours est à ce point phénomène de langage, sujet aux équivoques et aux errances, que l'on ne manquera jamais de faire reproche aux politiques de leurs mensonges, de leurs manquements de parole, de leurs silences, voire de leur double discours. Mais c'est surtout de leurs lapsus que la presse s'emparera pour en faire des gorges chaudes. C'est d'ailleurs à propos de ces derniers que même les plus féroces détracteurs de la psychanalyse se feront avec jubilation interprètes des intentions inconscientes de la personnalité politique à qui ces lapsus auront échappé.

Ces reproches, en forçant à peine le trait, on pourrait les adresser au langage lui-même, qui ne se garantit que de sa propre existence : il n'y a pas de métalangage, disait Lacan. La bien nommée *voix* que l'on accorde au candidat, cette voix symbolisée par un bulletin glissé dans l'urne, est une voix qui fait écho à une parole donnée, engageant publiquement son auteur. Une voix contre une parole, un pacte en somme, dont l'un des deux acteurs, le votant, s'empressera après coup de détailler les accrocs et les défaillances, pourtant inhérentes à la nature même du langage, trompeur par essence.

Ainsi, la question des rapports entre ces deux champs se présente à la manière de Janus, le gardien du temple au double visage : on peut y voir à l'œuvre aussi bien une psychanalyse du politique qu'une politique de la psychanalyse.

En ce qui concerne la première, la psychanalyse du politique, Freud a produit plusieurs textes et l'on retrouve son intérêt pour cette question dans des ouvrages comme *Totem et Tabou* (1913), *Psychologie des foules* (1921), *L'avenir d'une illusion* (1927), *Malaise dans la culture* (1929), ou plus précisément encore dans sa tentative d'explication psychologique de la personnalité du Président Wilson. Sans oublier Gérard Miller avec son *Divan des politiques*, qui fut l'un des premiers à nous montrer nos hommes politiques aux prises avec les trébuchements de leur inconscient : des politiques certes, mais encore une fois, et avant tout, des hommes. N'oublions pas non plus que Freud définissait le fait de gouverner comme une tâche impossible, au même titre qu'éduquer et… psychanalyser !

En ce qui concerne la seconde, la politique de la psychanalyse, cette dernière s'observerait davantage dans l'histoire de la science de l'inconscient, et particulièrement dans le « retour à Freud » opéré par Lacan dans la deuxième moitié du XXe siècle. Cette entreprise de purification théorique menée dans son œuvre entière avec les nouveaux outils à sa disposition, tels que la linguistique ou les mathématiques, lui a permis de radicaliser les thèses freudiennes, ce qui a amené Jacques Lacan à livrer un combat sans merci contre les postfreudiens dont il jugeait l'action stérilisante. Son ennemi juré s'incarnait dans la psychanalyse américaine des années cinquante, celle dont la visée adaptative faisait de ses patients des citoyens conformes à l'*American way of life*, des sujets socialement et politiquement corrects. De ce point de vue, psychanalyse et politique devaient se séparer pour Lacan, car selon lui la première, à la différence de la seconde, produirait du manque et non un modèle social basé sur des critères d'adaptation.

Politique encore chez Lacan, lorsque partant de l'aphorisme freudien : « Le psychanalyste et son patient constituent une foule à deux », ce dernier, sachant qu'il n'y a pas d'Un sans l'Autre, mit en place une stratégie et une tactique de la cure, une politique en somme, particulièrement dans le domaine du maniement du transfert, allant jusqu'à évoquer la notion même de « *subversion* du sujet ». Mais l'action politique de Lacan est à reconnaître aussi dans son parcours historique, celui d'un meneur ralliant autour de sa personne sous la forme d'un transfert massif nombre d'inconditionnels et provoquant par ailleurs des haines farouches, parcours ponctué de crises, d'exclusions, de scissions, de propositions et de discours. Il est à noter que son acte majeur, dont la presse s'est fait largement l'écho à l'époque, fut la *dissolution* de l'École freudienne de Paris en 1984 qui, contrairement à une autre dissolution fameuse marquant l'arrivée de Jacques Chirac au pouvoir, eut pour lui des effets positifs, en particulier la création d'une nouvelle école, l'École de la Cause freudienne, aujourd'hui l'une des plus actives sur la place mondiale, face à l'autre organisation, celle des freudiens dits orthodoxes, l'IPA. Il n'est nul besoin de trop forcer le trait pour repérer dans l'opposition si vivace aujourd'hui encore entre les tenants de l'IPA et les lacaniens mobilisés par leur *cause*, une frontière aussi repérable que celle qui sépare les deux bords de l'hémicycle.

Avant d'envisager un peu plus en détail les deux versants du rapport psychanalyse-politique il n'est sans doute pas inutile de rappeler un point non négligeable : l'importance que la découverte freudienne attache à l'infantile. On n'insistera jamais assez sur l'empreinte laissée en nous par nos premières expériences et par nos premiers objets d'amour, aux traits desquels nous

nous sommes identifiés. Il n'est pas une cure psychanalytique qui n'amène le patient à revenir sur ses premiers attachements, ses premières identifications, ses premières vacillations, les doutes et angoisses de sa petite enfance. Ces rencontres inaugurales créent le moule de notre personnalité à venir, le prototype de nos relations sociales et amoureuses. Toujours, plus ou moins étouffé par son statut social, un enfant sommeille en nous, prompt à se réveiller dès qu'une situation du présent peut s'aligner de façon inconsciente avec une configuration du même ordre vécue dans notre prime enfance. Nos premiers modèles en particulier, ceux qui ont veillé sur nous, qui nous ont protégés, éduqués et dirigés, qui nous ont inculqué leurs valeurs et transmis les règles de la vie sociale ont créé en nous le modèle de nos attachements et de nos choix ou rejets ultérieurs, choix de vie, choix amoureux et bien sûr choix politiques. C'est l'une des leçons à retenir de l'enseignement freudien, passé à tel point dans le discours courant et dans les médias qu'il tend à perdre de son tranchant. Et pourtant combien d'adultes accomplis, modèles de rigueur et de réussite, peuvent se surprendre à vaciller face à un autre qui se pare des traits d'un père autrefois redouté, d'une mère par trop étouffante ou d'un frère, rival chanceux dans la compétition affective !

La psychanalyse du politique est inaugurée par cinq grands textes freudiens. Le premier, *Totem et Tabou*, est contemporain de la création de l'IPA, l'Association psychanalytique internationale, organisation qui a fait passer la « horde sauvage » des premiers disciples de Freud, ce dernier assimilé au « père primitif », à l'état de société moderne, démocratique, aménageant sa politique en promulguant des lois, en contrôlant au mieux les dissidences entre ses membres, en créant des règles applicables à l'échelle internationale, et en se regroupant autour d'un étendard commun, le pivot conceptuel de la psychanalyse : l'universalité du complexe d'Œdipe et de l'interdit de l'inceste. Freud, s'inspirant de la littérature évolutionniste, postule dans ce texte l'existence, dans les temps primitifs de l'humanité, de hordes soumises à l'autorité absolue d'un père qui régnait en despote sur les membres de la tribu, mais surtout en possédait toutes les femmes. Un jour de révolte, nous dit-il, les fils tuèrent collectivement ce tyran et le dévorèrent, afin probablement, selon la logique anthropophagique, de s'en approprier la force et les vertus. Un tel acte ne pouvait que générer une immense culpabilité collective, à laquelle les responsables du meurtre ne purent faire face qu'en instituant un nouvel ordre social fondé sur l'exogamie (renoncement aux femmes de la horde) et le totémisme (renoncement au meurtre du père). Il s'agit là bien sûr d'un mythe des origines, qui n'a nul besoin de s'appuyer sur l'existence réelle de la horde en question dont on aurait du mal à retrouver quelque trace : comme tout mythe il consiste en une projection dans le réel, sous forme d'un récit épique, d'une tension psychique interne. Dans ce drame inaugural dont nous serions les très lointains héritiers phylogénétiques mais que nous reproduirions ontogénétiquement, Freud situe la naissance des deux grands interdits fondateurs de toutes les sociétés humaines : l'interdit de l'inceste et l'interdit du meurtre du père. Le complexe d'Œdipe condenserait donc, dans cette logique, l'expression de ces deux désirs refoulés : et c'est la force de Freud que d'avoir débusqué le désir à l'œuvre sous l'interdit ou sous l'horreur. Texte majeur sur la loi morale et la culpabilité, *Totem et Tabou* est un livre politique qui propose à sa façon une théorie du pouvoir démocratique reposant sur trois nécessités : acte fondateur, loi, renoncement au despotisme. Dans cette logique chaque société, pour Freud, serait fondée sur un régicide mais ne sortirait de l'anarchie meurtrière que si cet acte s'assortissait d'une sanction suivie d'une réconciliation avec l'image paternelle. Démarche que l'on retrouve, dans notre histoire individuelle, chez chacun d'entre nous au moment de la traversée de la crise œdipienne.

Avec *Psychologie des masses et analyse du moi*, Freud, ainsi qu'il l'écrivait à Romain

Rolland, souhaitait un ouvrage qui « indique le chemin qui mène de l'analyse de l'individu à la compréhension de la société ». En somme les rapports entre la psyché et le politique, démarche comparable à celle de l'écrivain Arthur Schnitzler, peintre de la Vienne au crépuscule, contemporain de Freud mais que ce dernier ne parvint jamais à rencontrer de peur de se trouver face « à son double », dans un sentiment d'« inquiétante étrangeté ».

Freud, dès le début de l'ouvrage, affirme la présence irréductible d'un « autre » toujours à l'œuvre dans la vie psychique de l'individu, anticipant la formule lacanienne inspirée elle-même de la philosophie hégélienne : « Le désir de l'homme c'est le désir de l'Autre. » Ainsi il peut affirmer qu'une psychologie individuelle est toujours sociale, c'est aussi ce qui l'amènera à qualifier la relation psychanalyste-patient de « foule à deux ». Sa thèse majeure est bâtie sur la notion de libido, source des pulsions, moteur de l'amour : selon lui la relation amoureuse est au principe même de l'âme des masses, ce qui l'amène à privilégier le rôle du meneur. Contrairement aux masses spontanées, sans meneur, les masses artificielles avec meneur sont le produit de la culture : l'Église et l'armée en sont les deux exemples majeurs, les partis politiques également. Toutes fonctionnent sur un axe vertical : relation de chacun des membres avec le meneur censé aimer chacun d'un même amour, et sur un axe horizontal : relation des membres entre eux, communiant dans l'amour d'un seul, y abandonnant une part de leur narcissisme au bénéfice du chef et de l'organisation. Un des deux termes clefs de cet ouvrage est donc le « lien libidinal », l'autre étant l'« identification ».

L'identification est un concept souvent utilisé par Freud dans le développement de sa théorie, l'aspect de ce concept qui nous intéresse ici est décrit par Freud comme « la capacité ou la volonté de se mettre dans une situation identique à celle de l'autre ». C'est également cette nécessité chez l'homme de prélever sur l'autre un trait originel afin d'y constituer la base de sa propre personnalité. Ce trait unique (*einziger Zug*), emprunté à la personne objet, sera radicalisé par Lacan sous la forme du « trait unaire ». L'identification est également au principe de ce qui relie les membres d'un collectif à leur meneur, mis en position d'« idéal du moi » par chacun des participants. La notion de Surmoi, qui lui succédera dans la théorisation freudienne, est présentée par lui comme une forme d'autorité paternelle introjectée dans le Moi.

Au cœur du texte une remarque de Freud est à relever, tant elle peut nous apparaître aujourd'hui anticipatrice des événements qui allaient ébranler le monde dans lequel il vivait : « Si une autre liaison de masse vient à la place de la liaison religieuse, comme la liaison socialiste semble actuellement y réussir, il en résultera envers ceux qui sont au-dehors la même intolérance qu'à l'âge des luttes de religion... » Doit-on entendre là une allusion prémonitoire au Xe congrès du parti bolchevique de 1921 ou une prescience de la montée des organisations fascistes ? La question vaut d'être posée.

Avec *L'avenir d'une illusion* Freud s'attaque, c'est le mot, à la dimension de l'acte de foi et de la croyance, actes corollaires de la religion qu'il avait déjà comparée, dans un précédent article, à une forme de névrose obsessionnelle. Son étude déborde le simple cadre de la religion pour aborder celui de la culture, imposée à l'humanité par une minorité éclairée, produisant des contraintes favorisant le renoncement pulsionnel. Cette dimension trouve son modèle, comme bien d'autres, dans la situation de l'enfant face à l'autorité protectrice mais contraignante des parents et plus particulièrement du père, incarnation de la Loi. Les forces terrifiantes non contenues par la culture que le sujet enfant, puis adulte, doit affronter l'amènent à tenter de les humaniser en les identifiant à un père qui, auréolé d'une nécessaire toute-puissance, devient un père éternel, un dieu.

Quant à *Malaise dans la culture*, traduit parfois par « Malaise dans la civilisation », ce texte permet à Freud d'élargir au domaine de la culture les hypothèses qu'il avait développées à propos de la religion. Il rappelle que l'hostilité du monde et la difficulté des relations avec les autres font obstacle au principe de plaisir et que le principe de réalité auquel l'homme est bien forcé de se soumettre ne lui épargne guère la souffrance. L'État, la famille, les institutions sont autant de moyens mis en œuvre par la culture pour remédier à la difficile question du rapport à l'autre, remèdes qui se présentent sous forme de compromis, compromis insuffisants à éviter la douleur et qui recèlent hélas eux aussi leur lot de souffrance. Pour échapper à cette dernière, trois voies s'offrent à l'homme : la névrose, la psychose ou la toxicomanie.

Le pessimisme freudien s'affirme dans l'idée que l'organisation sociale, avec son cortège de renoncements, de refoulements et d'impératifs, ne peut rendre l'homme heureux mais lui est cependant indispensable. Les solutions fournies par la culture créant des liens libidinaux, liens d'amour détournés de leurs objectifs sexuels, sont vouées à l'échec du fait qu'elles reposent sur l'ignorance volontaire de l'universelle hostilité des hommes les uns envers les autres. Freud tente d'expliquer le « malaise » à partir de la dualité pulsionnelle opposant Éros et Thanatos. La culture viendrait selon lui assurer la victoire d'Éros aux dépens de la pulsion de mort, laquelle se manifeste dans l'agressivité. Le « Surmoi » est une instance psychique qui, sous forme d'agressivité introjectée, va se mettre en opposition avec la partie restante du Moi : une sorte de conscience morale qui donne naissance au sentiment de culpabilité. Freud dira du Surmoi qu'il fonctionne comme un gouverneur dans une ville conquise. Ce Surmoi dont, encore une fois, l'origine est à rechercher dans l'enfance du sujet, est le produit de l'angoisse devant l'autorité paternelle, angoisse que Freud nommera l'angoisse de castration. Si le Surmoi joue un rôle essentiel dans le processus culturel, on pourrait alors parler de civilisations névrosées, comme on parlera à propos de tout individu aux prises avec son inconscient de « névrose ordinaire ». La question qui reste suspendue comme une menace à la fin de cet ouvrage pourrait se formuler ainsi : les sociétés civilisées seront-elles capables de juguler la pulsion destructrice susceptible de les conduire à leur perte ?

Écrit en collaboration avec William Bullitt, ancien conseiller de l'homme d'État américain, *Le Président Thomas Wilson* est la première tentative freudienne d'analyse d'un personnage historique contemporain. Trois raisons à cela : d'une part l'abondance inhabituelle de documents sur la vie et l'activité politique du Président que son coauteur pouvait lui fournir, d'autre part l'antipathie que lui inspirait Wilson, en raison d'une politique d'après-guerre que Freud jugeait néfaste et dont il pensait qu'elle avait fait, après la signature des accords de Versailles, le nid du nazisme et préparé le terrain d'une deuxième guerre mondiale, enfin et peut-être surtout en raison de quelques traits communs entre la personnalité du Président Wilson et celle du Président Schreber, président de la cour d'appel de Dresde, cas princeps dans l'abord des psychoses par la psychanalyse que Freud avait analysé à partir de ses *Mémoires d'un névropathe.*

Wilson, nous dit Freud, marqua très tôt son attachement à une figure paternelle, présentée par lui comme « incomparable » et qui orienta sa destinée. Comment ne pas faire le lien entre la figure de ce père, pasteur presbytérien grand sermonneur, et le trajet de son fils qui se crut successivement fils de Dieu puis Dieu lui-même. On lui prête, alors même qu'il exerçait sa charge de président des États-Unis, une méconnaissance totale de la géographie de l'Europe et une haine féroce de l'Allemagne. Freud et Bullitt relèvent chez Wilson des mécanismes de pensée empruntant leur logique délirante à celle des grands psychotiques : une croyance en la toute-puissance de sa pensée, une dénégation de la réalité qui le conduisirent à des désastres diplomatiques. L'influence messianique héritée du Surmoi paternel l'amena à des hypothèses quasi délirantes sur la fraternité universelle et la paix éternelle. La détermination inconsciente d'un tel homme, selon Freud et Bullitt, a pu avoir un réel effet sur la situation historique mondiale.

La morale de cet ouvrage, assez terrifiante malgré la comparaison de Wilson avec le personnage de Don Quichotte, serait celle d'une action politique sous-tendue par une vision psychotique du monde, avec toutes les conséquences désastreuses que l'on imagine. On peut, à la lumière des avancées cliniques d'aujourd'hui, conclure dans le cas de Wilson à une « psychose blanche » ou bien « non déclarée », en tout cas à une structure psychotique passée inaperçue de ses contemporains mais n'ayant pas moins pesé sur sa vision politique du monde. Livre à rapprocher de *Ces malades qui nous gouvernent* de Pierre Accoce, nous laissant supposer que la pulsion de mort à l'œuvre dans le corps d'un chef d'État peut apposer sa marque destructrice sur des décisions engageant l'avenir d'une nation.

Les cinq ouvrages de Freud ainsi résumés marquent, chacun à sa manière, la place essentielle du Père dans les représentations inconscientes de tout un chacun. Père de la horde primitive dans *Totem et Tabou*, Père modèle dans *Psychologie des masses*, Père Éternel dans *L'avenir d'une illusion*, Père castrateur dans *Malaise dans la culture*, Père trait d'union avec Dieu dans *Le Président Wilson.* Les grands principes de la découverte freudienne pourraient ainsi nous guider dans notre compréhension de ce que chacun d'entre nous cherche au travers de l'image d'un homme politique, d'un meneur, de celui à qui l'on confie sa destinée en lui remettant les clefs du pouvoir : l'autorité retrouvée d'un père. Cliché freudien certes, pour une opinion d'aujourd'hui très au fait des découvertes psychanalytiques, mais qui n'en recèle pas moins une part de vérité. Car un père, nous le voyons clairement dans la théorie freudienne, n'est pas seulement un géniteur, ni même un bon père de famille, encore moins un père tranquille, mais une fonction, une fonction psychique essentielle, symbolique, terrible parfois, dont le paradigme s'incarnera dans ce fameux « Nom du Père », évoqué cette fois par

Lacan, unissant toutes les figures précédemment passées en revue, fondateur de la nécessaire division du sujet par l'instauration du refoulement originaire, fonction dont la défaillance peut avoir des effets ravageurs sur le psychisme, effets qui nous en démontrent a contrario l'indispensable consistance. La preuve nous en est apportée tous les jours par la clinique, en particulier celle des psychoses. C'est cette fonction symbolique du « Nom du Père » qui est bien sûr à l'œuvre dans le choix d'un candidat.

La politique de la psychanalyse, quant à elle, est illustrée chez Lacan par des aphorismes lancés dans l'univers de la psychanalyse comme autant de slogans, formules frappantes qu'un leader pourrait faire figurer sur les affiches de sa campagne : « L'inconscient est structuré comme un discours », « Le désir de l'homme c'est le désir de l'Autre », « La femme n'existe pas », « Moi, la Vérité, je parle », ou bien encore cette phrase lancée comme un pavé aux étudiants rebelles de Mai 68 : « Vous cherchez un maître, vous l'aurez ! »

« Tout est langage » est aussi une maxime lacanienne, situant très précisément l'objet de son étude. L'homme n'est pas maître du langage, il est déterminé par lui. S'inspirant librement de la linguistique saussurienne afin de forger sa « linguisterie » Lacan mettra l'accent sur le primat de la dimension symbolique dont la pierre angulaire est le Signifiant, cet au-delà du mot qui « représente le sujet pour un autre signifiant » selon sa formule, jugée obscure par certains, mais qui exprime au mieux comment le sujet peut trouver sa consistance de représentation en représentation, non pas maître du langage mais possédé par ce dernier. Fidèle à l'esprit de Freud et en aiguisant la lettre, Lacan put ainsi affirmer que le corps est un corps de parole, le symptôme, un hiéroglyphe à déchiffrer, le mot d'esprit, la meilleure des interprétations.

Dans cette même logique le processus d'identification chez Lacan sera avant tout d'ordre symbolique et le sujet pourra faire siens les signifiants prélevés chez ses objets d'amour, qui l'aideront à constituer son

Moi comme une somme d'identifications et à établir sa place en ce monde : signifiants maîtres pour lui, à commencer par son nom propre qui l'introduit, avant même sa naissance, dans l'ordre du langage.

L'inconscient est donc à l'œuvre dans le choix d'un candidat : une partie de l'opinion est éclairée, une autre éclairable, mais on peut sans risque avancer que la majeure partie de l'opinion se meut dans une obscurité, pour ne pas dire un obscurantisme où le choix du candidat s'exerce à partir de critères fantasmatiques, d'élans transférentiels, d'attachement à des traits de personnalité ou à des éléments de discours qui ne reflètent pas, et de loin, l'ampleur d'un programme politique dont les votants ne connaissent généralement que des bribes.

L'aveuglement typique dû à l'amour de transfert qui est par ailleurs le moteur de la cure psychanalytique peut évidemment se déplacer vers la confiance accordée à un candidat : projection sur ce dernier de traits de caractère espérés ou rencontrés chez le père de l'histoire individuelle, amour inaltérable, soumission à son autorité, attribution imaginaire de qualités insurpassables, moteur de travail. N'oublions pas que dans la théorie freudienne la notion de transfert est l'héritière directe des phénomènes hypnotiques. C'est dire son pouvoir. Elle est liée chez Lacan à l'hypothèse d'un « sujet supposé savoir », notion qui indique à quel point ce qui vous amène sur le divan est lié à l'idée que quelqu'un, quelque part, en sait un bout sur vous-même, plus que vous-même et détient une vérité qui vous concerne au plus près. Ce savoir supposé, l'homme politique en est également investi par ses partisans, à ceci près que, contrairement à l'analyste dont le silence peut permettre de maintenir l'illusion, les discours et les actes du politique, sa prétendue « transparence », l'exposent à décevoir très vite.

La personnalité du meneur, son charisme, sa capacité de séduction sont bien sûr des éléments qui favorisent l'accrochage transférentiel : l'élan libidinal qui l'anime, le semblant de Phallus qu'il représente, la volonté de pouvoir qui est le moteur de son action. Le secret de son succès repose souvent sur l'exagération de certains traits de sa personnalité, qui en font d'ailleurs la cible préférée des caricaturistes, ces traits touchant parfois à la limite de ce que le clinicien pourrait repérer comme éléments pathologiques.

Si la psychanalyse, science de l'homme aux prises avec le langage, ne peut être considérée comme une science exacte, ses détracteurs se plaisant à en pointer l'inutilité, la nocivité, ou pire encore la totale inefficacité, que dire alors de la science du politique dont les électeurs se plaisent à détailler les erreurs et les défaillances ?

Adolescence au pouvoir

Le sentiment de toute-puissance de la pensée vécu par l'enfant resurgit avec force au moment de la « crise de l'adolescence », moment où se réaffirme l'expression d'une volonté devant laquelle tout doit plier. L'adulte fait en général le deuil de ce sentiment mais celui qui brigue la magistrature suprême témoigne d'un désir différent : il n'a pas renoncé à ce fantasme de toute-puissance. Quand on sait quelle charge et quelle absence totale de liberté cette fonction implique, on imagine sans peine à quel point le métier de président de la République serait pour la plupart d'entre nous synonyme d'horreur absolue ! Il faut donc que l'exercice du pouvoir représente, aux yeux de celui qui l'envisage, une jouissance fondamentale pour l'amener à supporter de tels sacrifices.

Notre Président actuel souffre d'un déficit de popularité dû à son comportement plus encore qu'à sa politique. S'il ne parvient à symboliser ni l'autorité ni la respectabilité liées à la fonction présidentielle, c'est sans doute qu'il ne peut offrir à l'inconscient des électeurs l'image traditionnellement paternelle associée à cette charge. De ce fait il les amène à affronter aujourd'hui une situation inversée autant qu'inédite : citoyens, ils se retrouvent dans une position parentale face à celui qui incarne le pouvoir ; endossant le rôle de parents agacés ils sont conduits à sanctionner les comportements déviants d'un Président adolescent. Illusionnés dans un premier temps par la fantastique énergie dégagée par le candidat – cette bouillonnante pulsion de vie post-pubertaire qui fascine et irrite les adultes –, les Français ont en effet été fascinés puis irrités par celui qu'ils ont élu…

Il faut faire preuve d'une incroyable solidité psychique pour tenir le choc du pouvoir, d'autant qu'il existe chez tout névrosé ordinaire le désir paradoxal, quand il obtient ce qu'il convoitait, de se mettre en situation de le perdre. Jacques Chirac, peu de temps après son élection, a mis en péril ce pouvoir qu'il attendait depuis si longtemps avec la fameuse dissolution, acte véritablement manqué. Il peut y avoir plus grave : Paul Deschanel, une fois élu président du Conseil, a été victime d'une décompensation psychotique, l'accession à la fonction suprême ayant provoqué chez lui cet effondrement psychique. Freud a très bien décrit ce phénomène chez le Président Schreber (l'un des cas des *Cinq psychanalyses*, précédemment cité), devenu délirant au point de se croire fécondé par les rayons du soleil après qu'il eut accédé au grade de président de la cour d'appel de Dresde. Chez notre actuel Président, l'accession au pouvoir a libéré, non pas un délire, mais les pulsions adolescentes qui étaient manifestement restées si vivaces en lui. Élu, il s'est retrouvé avec en main les moyens matériels de réaliser tous les fantasmes de cette période de la vie, fantasmes dont la fonction est de rester à l'état de rêveries.

Conformément aux codes de cet âge il a ainsi bousculé les conventions, tutoyant ses interlocuteurs, injuriant ses contradicteurs, se vautrant dans un fauteuil lors d'une interview ou passant la nuit au Fouquet's le soir de son élection, tel un jeune bachelier fêtant son succès dans une boîte branchée... Une incessante recherche d'amour l'a poussé à manifester à l'excès ce besoin de proximité et de contact physique et à se comporter là encore comme un adolescent dont la demande affective intempestive a souvent pour effet de pousser l'autre à le rejeter.

Le chef de bande qu'il est devenu s'est retrouvé dans une forme de surenchère : au plus de pouvoir il lui a fallu ajouter la plus belle fille, les plus beaux objets... Adorant les marques, exhibant lunettes Ray-Ban, tee-shirt « FBI », baskets Nike et i-Pod durant son jogging, il s'est entouré de gardes du corps semblables à ceux des séries policières américaines, recherchant une intimité avec les stars de la chanson, du cinéma ou les vedettes de la télé qui, comme c'est le cas pour beaucoup d'adolescents, l'impressionnent bien davantage que les icônes de la culture : des détails sans doute, qui touchent plus à son comportement qu'à sa politique, mais des détails qui font signe et qui ont largement nui à sa popularité...

Fasciné par l'ordre au point d'être tenté d'en franchir à toute occasion la ligne rouge, il fut par deux fois ministre de l'Intérieur et, voulant rétablir la loi dans les cités, il a traité les voyous de racailles tout en adoptant parfois leur comportement, insultant un visiteur au Salon de l'agriculture, ou interpellant un marin-pêcheur pour s'expliquer avec lui « d'homme à homme ». L'adolescent dont les hormones tournent à plein régime se montre toujours tyrannique et tout refus face à ses demandes nous expose à ses accès de rage ou à ses passages à l'acte. Notre Président paraît lui aussi sans cesse bousculé par sa libido, pulsion de vie qui déborde et le pousse à des comportements « décomplexés » semblables à ceux de ces jeunes gens qui se réjouissent de choquer leurs aînés. Semblant obéir à une révolte permanente, il décide seul, sous le coup d'impulsions, et donne l'impression d'être en guerre avec ses « pères », dont il a d'ailleurs perpétré le classique « meurtre », passage obligé de l'adolescence, en réglant politiquement leur compte aux figures paternelles qui l'entouraient…

Nombre de tics de langage et de comportements de notre Président appartiennent donc au registre traditionnel de l'adolescence, jusqu'à la « conduite à risque », typique de cet âge… le problème étant que nous sommes tous passagers de la voiture qu'il conduit !

Alors que traditionnellement le chef de l'État montre la voie à son peuple, le contraire semble se produire aujourd'hui. Son électorat pourrait en effet obliger notre Président à changer de cap, tant il a poussé, par les excès d'un comportement adolescent, le peuple français à jouer le rôle d'un père autoritaire. Abandonné qu'il fut par le sien, peut-être a-t-il inconsciemment poussé ses électeurs à incarner ce père capable de lui imposer des limites et d'exiger de lui qu'il fasse enfin preuve d'une dignité en accord avec sa fonction.

Dreyfus, un nom qui divise

Le 9 février 1898, Freud écrit à son ami Wilhelm Fliess :

> « Zola nous tient en haleine. Quel brave homme ! Le comportement abject des Français m'a rappelé les réflexions que tu fis, et qui me furent d'abord désagréables, à propos de la décadence de la France. »

Dans cette lettre l'inventeur de la psychanalyse fait bien sûr allusion au procès de Zola, traîné en justice après avoir écrit son fameux article *J'accuse !*, deux jours après l'acquittement d'Esterhazy, principal témoin à charge au procès du capitaine Dreyfus. Freud, amoureux de la France, nostalgique d'un Paris où lui avaient été révélés chez son maître Charcot les secrets de l'hystérie, se range à l'avis de son ami si cher, celui avec lequel il partage ses pensées les plus intimes. Il découvre avec amertume un nouveau visage de ce pays auquel il doit tant, visage grimaçant qu'il avait cependant pressenti en 1885, lors de son premier séjour dans la Ville Lumière. Il avait alors confié dans une lettre à Martha, sa fiancée, les réserves que lui inspiraient la capitale et ses habitants :

> « Cette ville et ses habitants n'ont vraiment rien qui me rassure… c'est le peuple des épidémies psychiques, des convulsions historiques de masse. »

Treize ans plus tard, l'épidémie psychique qui s'empare du pays autour de l'affaire Dreyfus ne peut que confirmer ses premières impressions : une France coupée en deux à l'évocation d'un nom, sous la bannière duquel vont s'opposer en combats haineux deux camps animés par la même passion. Des mots, des noms courent sur toutes les lèvres : *bordereau, trahison, juif, Esterhazy, Henry, Zola, dégradation, île du Diable*, colportés par la presse, se répandant comme un venin dans l'opinion publique. À partir du patronyme du capitaine un nouveau signifiant naît, qui n'a rien perdu aujourd'hui de son pouvoir d'évocation : *dreyfusard*, renvoyant à d'autres signifiants qui lui font cortège : *antisémitisme, injustice, bouc émissaire*...

Le capitaine Dreyfus (dont le nom signifie étymologiquement : *trois pieds*) en est le catalyseur, en vertu d'une alchimie saisissable seulement dans l'après-coup, alchimie à laquelle un tripode, précisément, n'est pas étranger : *armée, justice, opinion*. Un autre tripode : *officier, juif, alsacien*, permet que se projettent sur un seul homme – capable, sinon coupable de haute trahison – les fantasmes d'une nation dont l'antisémitisme s'exprime de plus en plus librement (particulièrement dans le journal d'extrême droite *La Libre Parole*). Une condensation, en somme, créant autour de la figure du capitaine les conditions d'un embrasement.

De tous les effets produits sur le peuple français par la simple évocation du nom de Dreyfus, la *division* est sans doute le phénomène le plus susceptible d'éveiller quelque écho chez Freud. Sa création, la psychanalyse, nous a présenté l'homme comme étranger à son propre désir, siège de passions contradictoires. Un sujet *divisé*, en somme, dont la part consciente n'est que la partie émergée, abritant au plus profond de lui-même cet Autre que constitue son inconscient. Un être capable d'aimer et de haïr dans le même temps, animé par deux pulsions indissociables, Éros et Thanatos. Il est dès lors tentant, à l'aide de la découverte freudienne, d'imaginer la coupure radicale de la France comme la dissociation de ces deux pulsions fondamentales. L'Affaire deviendrait alors la projection, sur la scène publique, de la division interne produite en chacun par la question de cet Autre énigmatique. Une mise en scène – à l'échelle nationale – du conflit le plus intime, celui que provoque immanquablement en nous la confrontation avec l'étranger. Cette expression même de l'altérité se trouve incarnée de manière providentielle par le Juif, figure de l'*inquiétante étrangeté* chère à Freud. Ce rapport à l'Autre qui nous divise, nous questionne et constitue la racine même du racisme, aurait ainsi trouvé à l'époque de l'affaire Dreyfus et un demi-siècle avant l'horreur de la Shoah son expression la plus spectaculaire.

Le mot juste

Au détour d'une séance au cours de laquelle un patient évoquait la répétitive, dramatique présence de la mort dans l'histoire familiale, ou plutôt le roman qu'il en élaborait, une phrase me fit dresser l'oreille. Le patient se laissait aller à ses pensées : ces grands-parents disparus dans la fumée des camps, ces enfants morts-nés, ces amis morts tragiquement, ces spectres obsédants qui défilaient dans son esprit en une sombre procession l'amenèrent à envisager le pire. Soudain déprimé, il dit alors : « Me tuer, pour que tout cela finisse… »

Du fond de mon fauteuil j'ai sursauté, saisi par une phrase qui m'est venue et dont je n'ai pesé, avant de la prononcer, ni le bien-fondé ni l'opportunité. Elle s'est imposée à moi, ne modifiant que d'un mot celle que je venais d'entendre : « Vous voulez dire : me tuer, pour que tout cela continue ! »

Le patient fut saisi également, car il comprit aussitôt : sa mort viendrait en effet, non pas rompre, mais s'ajouter à la longue liste déjà inscrite sur le monument de la névrose familiale ; il s'inscrirait ainsi dans la continuité que précisément il cherchait à briser en entreprenant cette analyse.

Jeu de mots ? Retournement ? « Continue » est-il le mot qui justement viendrait rompre la répétition mortifère ? Interprétation, sans doute, mais sur le mode d'une rectification, d'une correction : « Vous voulez dire… vous avez dit le contraire, *continue* serait le mot juste ! » « Finisse » était-il alors le mot *faux*, et dans ce cas, paradoxalement, le mot le plus juste qui soit, évocation de l'instrument fatal selon l'imagerie populaire de la mort…

Le mot juste est-il celui qui serre, emprisonne – à la façon d'un soulier un peu juste – celui qui, l'espace d'un instant, rend impossible à la signification de se défiler ? Il assujettit cette dernière, en un temps d'arrêt marqué par les deux partenaires en présence et qui les réduit au silence. Dans l'exemple cité, la sidération naît précisément de la rencontre « finisse/continue », termes qui délimitent chacun un versant de la vérité du sujet analysant, mais également du sujet analyste, qui retrouve là les pièges déjoués par lui au cours de sa propre analyse, soumis qu'il a pu être lui aussi à quelque répétition aliénante. C'est ce savoir qui, dans l'instant et à son insu, a provoqué l'interprétation.

Analyste et analysant sont saisis tous deux pendant l'espace d'une scansion interprétative, comme un seul homme, celui-là même dont Freud, dans *Le mot d'esprit et ses rapports avec l'inconscient*, dit qu'il est le premier surpris par sa trouvaille. C'est dans ce temps de la séance que l'on peut cerner au plus juste la présence de ce tiers, pivot absolu de la cure analytique : le Symbolique.

Cette vérité, nichée dans l'entre-deux de ce couple d'opposés : « finir/continuer », renvoie les deux sujets à l'armature même du Symbolique, les faisant retrouver ainsi les racines du langage, ce point d'origine où un mot pouvait également signifier son contraire. Karl Abel, cité par Freud dans son article *Des sens opposés dans les noms primitifs*, donnait son explication quant à la présence de ce type de mots dans l'antiquité de la langue égyptienne : « Ce mot : fort/faible, ne désignait vraiment ni fort ni faible, mais seulement le rapport entre les deux et la différence qui les avait créés tous les deux. »

C'est à partir de cette différence, dans une langue primitive redécouverte au sein du transfert, que le sujet pourra, comme les langues elles-mêmes l'ont fait au cours de leur évolution, opter pour un sens aux dépens de l'autre, être prêt à en finir ou libre de continuer.

Il mesurait plus d'un mètre quatre-vingts, pesait presque cent kilos et avait de quoi impressionner ceux qui le croisaient pour la première fois. Souffrant d'une psychose infantile, ce jeune garçon haïtien, pris en charge dans l'institution où je travaillais, traversait des crises de violence impressionnantes, à ceci près que son corps massif n'exprimait qu'une colère de nourrisson : cris, bras agités en tous sens, coups portés du plat de la main sans viser particulièrement l'autre et sans chercher à le blesser, mais qui représentaient cependant un danger certain. Dans le bureau où nous le recevions chaque semaine, ma collègue psychiatre et moi-même, il n'était pas rare que nous ayons affaire à ses débordements et le seul moyen que nous avions trouvé pour échapper à ses coups était de lui chanter Mon beau sapin, *chanson qu'il aimait particulièrement et dont nous avions remarqué qu'elle avait, bien mieux que tout neuroleptique, le pouvoir de le calmer instantanément. Pour quelle raison ? Cela demeurait un mystère pour nous, et nous ne trouvions aucune explication convaincante à ce phénomène : la saison que nous traversions importait peu, l'évocation de Noël pouvant produire ses effets apaisants aussi bien en été qu'en hiver et le « roi des forêts » de la chanson ne convoquait aucune nostalgie, le pays de naissance de notre jeune patient ne regorgeant pas de sapins !*

J'ai souvent imaginé la surprise d'un collègue qui, ouvrant la porte de notre bureau par inadvertance, serait tombé sur le spectacle étonnant d'une psychiatre et d'un psychanalyste peu rassurés, interprétant à pleine voix un chant de Noël devant un géant noir, figé devant eux, les menaçant de son bras levé et dont l'expression farouche virait peu à peu au sourire béat !

Histoire juive

David et Sarah sont à la synagogue. David se penche vers sa femme et lui glisse à l'oreille : « Tu vois la blonde là-bas ? C'est la maîtresse de Schlomo ! » Sarah se dévisse le cou pour la voir. David se penche de nouveau vers elle : « Et la brune, à droite, tu la vois ? C'est la maîtresse d'Élie ! » Sarah reste silencieuse un moment puis dit à son mari : « Et la tienne, de maîtresse, où est-elle ? – Allons, Sarah, tu me gênes ! » lui répond David. Mais Sarah insiste : « Tu peux bien me le dire aujourd'hui, c'est Grand Pardon. » David hésite un moment puis lui murmure : « Bon… c'est la rousse, là, à notre gauche. » Sarah marque un temps d'arrêt, puis chausse ses lunettes pour mieux l'examiner. Au bout d'un moment elle se rengorge et sourit à son mari : « C'est quand même la nôtre qui est la mieux ! »

Que serait le quotidien sans un sourire, que serait une scène de ménage sans la possibilité de la conclure par un éclat de rire, que serait l'actualité du monde sans cette ironie nécessaire offerte par nos humoristes, que seraient nos symptômes mêmes sans l'opportunité de leur adresser ce pied de nez ? Le rire est une chance, celle de transformer le kilo de plomb de la vie en kilo de plumes, lequel, quoi qu'on dise, vous fait moins de mal quand il vous tombe sur le pied. Une chance, pour celui qui sait manier l'esprit ou l'humour, de tendre entre le monde et lui un voile qui en change la couleur. Oui, le rire est vraiment une chance offerte à l'homme.

Mais est-il exact de dire, comme Rabelais, que le rire est le propre de l'homme ? Les singes s'esclaffent, les chiens sourient, il existe même des merles moqueurs… Certes, mais aucune de ces créatures, si elle peut se livrer à un semblant de rire, n'est capable de parler. Car c'est bien le langage qui fait de nous des humains et ce sont les jeux avec la langue, avec le sens, avec la représentation qui provoquent en nous ce rire libérateur, qui est à la fois pour nous soin et besoin, toujours lié à notre capacité de transformer en mots notre expérience.

Prévert disait quant à lui que si le rire est le propre de l'homme, pleurer n'en est pas le sale. Il approchait ainsi, avec son instinct de poète, une autre vérité, celle de la proximité entre le rire et les larmes, que la langue associe d'ailleurs souvent : « rire aux larmes », « pleurer de rire » en sont les meilleurs exemples, ou bien encore la fameuse sentence : « Hâtons-nous d'en rire, avant d'avoir à en pleurer. » N'est-ce pas là une façon de dire à quel point l'un est le contrepoint de l'autre : le rire comme face rose des pleurs, ou bien encore comme meilleur remède contre les larmes, ce que la sagesse populaire, comme toujours, avait compris avant la philosophie ou la psychanalyse ? On pleure sur soi, alors qu'on rit de soi : peut-être une différence importante réside-t-elle dans cette question de distance. En effet, nous nous aimons sans doute un peu trop quand nous pleurons, quand, bercés par nos propres bras, nous nous lamentons sur nos misères. Mais amusons-nous de nos tracas et aussitôt nous prendrons de la hauteur, devenant alors spectateurs de nous-mêmes et, maîtrisant nos émotions, nous nous ferons les témoins amusés de nos propres malheurs.

La vie est un cadeau, certes, mais parfois empoisonné ! Elle se montre généreuse en matière d'angoisses, de chagrins ou de contrariétés contre lesquels nous nous montrons souvent impuissants. Le rire est la meilleure arme pour les combattre et les tenir momentanément à distance par le biais de l'humour, de la dérision, du comique ou du trait d'esprit. Autant de flèches à disposition dans notre carquois, qui, lorsqu'elles font mouche, tiennent en respect l'adversaire, surtout lorsqu'il s'agit du plus redoutable d'entre eux : nous-même.

Freud, qui ne passe pas vraiment pour un amuseur, s'est penché avec le plus grand sérieux sur cette question du rire et s'est demandé, dans *Le mot d'esprit et ses rapports avec l'inconscient*, quels mécanismes psychiques étaient à l'œuvre lorsqu'un trait d'esprit le provoquait. Il nous a montré que le plaisir d'un bon mot puise d'abord ses racines dans un bonheur retrouvé, celui que nous avons éprouvé, enfants, à jouer avec le langage, à en exploiter toutes les ressources et les sonorités, jeunes explorateurs éblouis par la découverte d'une terre encore vierge. Puis il nous a montré comment le bon mot était une façon socialement et psychiquement acceptable de faire passer des contenus qui normalement sont maintenus dans l'inconscient par la force du refoulement : contenus agressifs, sexuels, ou subversifs qui n'auraient pas, sans cette ruse, été autorisés à devenir conscients. Le mot d'esprit, jouant avec les mots à la manière du rêve, triomphe de cette censure, ose dire ce que l'on tait d'ordinaire et le rire partagé avec l'auditeur est l'heureuse manifestation de cette victoire. C'est en quelque sorte l'inconscient lui-même qui se met au service du rire.

L'inventeur de la psychanalyse s'est aussi attaché à démonter le mécanisme de l'humour, forme la plus subtile de l'esprit, en nous expliquant comment, cette fois, c'est le Surmoi qui se met au service du rire, comme si cette instance psychique, d'habitude si sévère, regardait le Moi avec les yeux d'un adulte considérant un enfant. Le Surmoi, qui en temps normal juge, interdit ou condamne, se montre alors plein de sollicitude. Et Freud de préciser : L'humour semble dire : « Regarde ! Voilà le monde qui te semble si dangereux ! Un jeu d'enfant ! Le mieux est donc d'en plaisanter ! »

Quoi d'étonnant dès lors à constater que les peuples qui ont le plus souffert dans leur histoire ont développé l'humour le plus corrosif et nous ont transmis le répertoire d'histoires drôles le plus fourni. Ce n'est donc pas un hasard si l'ouvrage de Freud est émaillé de ces histoires juives savoureuses, dont la plupart sont passées à la postérité.

Cependant une injustice demeure, une inégalité que l'on aimerait pouvoir niveler. Freud la souligne dans la conclusion de son ouvrage : tous les hommes ne sont pas également capables d'adopter l'attitude humoristique, c'est là un don rare et précieux… Rire de soi, des autres, de ses malheurs, est en effet un don inestimable qui nous donne l'occasion, l'espace d'un instant, de nous affranchir des malheurs du monde, des contraintes que nous nous imposons et dont la société se montre prodigue. Alors souhaitons au plus grand nombre de bénéficier de cette chance qui, par la grâce d'un trait d'esprit ou d'un regard humoristique, nous permet d'oublier le temps d'un éclat de rire notre difficulté d'être.

Ma vie est ainsi faite
Tout seul et démuni
Au milieu de la fête
Je détourne la tête
Cherchant un secours
Car toujours
Toujours il me manquera quelque chose
Un objet d'autrefois
Un mouchoir, une bague
Ou bien autre chose…

Mais qu'y puis-je
Si je suis ainsi fait
Toujours il me manquera quelque chose
Une main, une épaule
Un souvenir d'hier
Ou le parfum des roses…

Les origines d'un secret

Le désormais célèbre tableau de Gustave Courbet, *L'origine du monde*, qui fut longtemps la propriété de Jacques Lacan, tout explicite qu'il soit, garde cependant son aura de mystère. Si l'on en croit le *Dictionnaire historique de la langue française*, « origine » est emprunté au mot latin *originem*, accusatif de *origo*, « source », il peut aussi signifier « race » en langage poétique, ou encore, appliqué à une personne, « ancêtre fondateur ». Le mot serait dérivé d'*oriri*, « se lever », « s'élancer hors de » et « naître », en ce sens il ne nous éloigne pas trop du sujet de cette « nature vivante » de Courbet. Quoi qu'il en soit, dans la logique de l'inconscient ces questions étymologiques n'ont que peu de poids, face à celui des signifiants ! Dans le discours comme dans les productions oniriques, quoi qu'en dise le Robert, le mot « origine » renverra, au détour de ses associations libres, l'analysant rêveur à l'*ori-fice* glorifié par le peintre aussi bien qu'à la série féminine inaugurée par le préfixe *gyne*.

Si l'auteur du tableau fameux a choisi d'appeler son œuvre *L'origine du monde* et non *L'origine de l'homme*, qui paraîtrait plus adapté, c'est sans doute que l'ontogenèse répondant en écho à la phylogenèse, les deux questions de la création de l'Univers et de la conception de l'Homme demeuraient pour lui inséparables. Pour le peintre, comme pour nous, se présentent deux mystères, générateurs d'une prolifération de fantasmes et de mythes, que l'on pourrait appeler « versions originaires ». Le premier, la création du monde, a alimenté une abondante mythologie et bien sûr une pensée religieuse qui peut être considérée comme l'une de ces versions, celle qui maintient obstinément, dans ses aspects les plus radicaux, la croyance en une création divine au mépris des théories darwiniennes, sur le mode d'un « je sais bien mais quand même… ». Quant au second, la conception, ce big-bang miniature que déclenche la rencontre de l'ovule et du spermatozoïde, il va donner à chacun de nous l'occasion de développer ces *fantasmes originaires* chers à Freud, dont le plus fameux, celui de la « scène primitive », permettrait au sujet d'assister à l'accouplement même qui lui a donné naissance. Viendront s'y greffer d'autres élaborations, tel le « roman familial », roman des origines dans lequel le sujet s'inventera des géniteurs différents de ceux que la vie lui a imposés, plus prestigieux ou plus romanesques.

Puisque nous en sommes à la création littéraire, il nous faudra recourir à une autre source que celle du dictionnaire en sautant d'un Robert à l'autre, délaissant le célèbre dictionnaire étymologique pour parcourir un ouvrage de la psychanalyste Marthe Robert : *Roman des origines et origine du roman*, dans lequel elle postule que tout roman est une variation autour d'un même thème. Partant de la théorie du « roman familial des névrosés » freudien et du complexe d'Œdipe, Marthe Robert retient que le jeune sujet élabore, au cours de son évolution, deux types de scénarios : celui de l'« enfant trouvé » qui s'imagine une ascendance royale, puis celui du « bâtard œdipien » qui relègue le père dans un royaume de fantaisie pour mieux s'en défaire. Elle en déduit que ces deux attitudes se retrouvent dans le genre romanesque et le définissent en tant que tel. Ainsi le roman moderne n'aurait pas de forme fixe déterminée mais en revanche un contenu obligé, celui de rendre compte du « roman familial de l'enfance ». Et l'auteur d'ajouter que le roman doit parvenir à convaincre de ses relations intimes avec la vérité en se servant de la fiction.

C'est un point qui a évidemment résonné en moi, me renvoyant à l'écriture de mon roman familial, Un secret *qui, de longues années après mon rêve d'accouchement, a réalisé le désir qui s'y exprimait – donner naissance à un livre qui me vaudrait une certaine reconnaissance – en rencontrant un succès inattendu.*

J'ai souvent insisté, à propos de ce livre, sur le fait que mon souci avait été bien davantage d'aller, par le moyen de la fiction, vers la vérité d'une histoire plutôt que vers la réalité, l'exactitude. Ces derniers points auraient fait de moi l'historien de ma famille, alors que ma recherche de la vérité tendait à déchiffrer l'impact que cet itinéraire avait eu sur ma destinée, sur ce que j'étais devenu, passant de la position de celui qui ploie sous le poids d'un secret à celle d'auteur, maître de son histoire.

Il existe de véritables spécialistes du secret : Anne Ancelin Schutzenberger (*Aïe mes aïeux !*), François Vigouroux (*Le secret de famille*), par exemple, et Serge Tisseron, qui en a commencé l'exploration avec son *Tintin chez le psychanalyste*, dans lequel il dévoile l'histoire et la genèse du secret de famille d'Hergé en le décryptant, case après case, dans les albums de ce dernier. Les biographes d'Hergé ont confirmé les hypothèses de Serge Tisseron, qui n'ont pu se vérifier qu'après la disparition d'Hergé : Tisseron avait donc déchiffré, particulièrement dans *Le secret de la licorne* et *Le trésor de Rackham le Rouge*, quelque chose qui tenait à un non-dit dans l'histoire de leur auteur. Les hypothèses de Tisseron ne relevaient donc pas du tout d'une élucubration de psychanalyste autour de la bande dessinée, mais procédaient bien au dévoilement de ce qui était à l'œuvre, souterrainement, dans un travail artistique.

Nicolas Abraham et Maria Török (*L'écorce et le noyau*) ont écrit eux aussi des textes passionnants sur le fait qu'un secret, à travers des générations, peut se constituer comme une *crypte*. C'est le mot magnifique qu'ils ont trouvé, une somptueuse image pour décrire ce lieu psychique au plus profond de soi où peut ainsi gésir un secret de famille et s'y développer à la façon d'un intrus ou d'un hôte indésirable. Ce fantôme qui hante notre propre intérieur va peu à peu étendre ses tentacules et se manifester à la manière d'une source que l'on réprime à son origine et qui sourd sous la forme de minces ruisselets dans la campagne environnante. Cette théorie donne naissance à ce que nous appelons aujourd'hui le *transgénérationnel*, notion que nous avons le sentiment de découvrir, alors que Freud – même s'il n'a pas utilisé le terme même – évoquait déjà cette dimension de l'histoire familiale et de ses effets sur le sujet. De même l'inventeur de la psychanalyse n'a jamais vraiment parlé de « secret », mais on ne peut nier que la dimension de l'inconscient ait quand même largement à voir avec celle du secret.

Mon enfance est liée à un secret de famille extrêmement douloureux dont j'étais sinon le centre, du moins l'héritier. Ce secret pesait évidemment, comme je l'ai écrit dans mon roman, sur « mes frêles épaules ». Ce secret dont je savais quelque chose à mon insu – un secret est toujours de cet ordre –, au moment même où il se révèle, génère souvent une formule qui a quelque chose de comparable à celle qui accueille une bonne interprétation de la part du psychanalyste : « Au fond, je crois l'avoir toujours su. » Cette phrase, que j'ai moi-même prononcée, accueille en général la révélation d'un secret ou d'une interprétation juste.

Mes jeunes années furent marquées par cette fascination pour le secret, qui était due à ces motifs inconscients et qui était sensible dans mes lectures : Le Club des Cinq*, par exemple, dont j'étais un lecteur passionné. Et, bien entendu, ce qui me plaisait dans leurs aventures tenait essentiellement aux passages secrets qu'ils découvraient régulièrement, tel le souterrain humide qui conduisait à l'île des contrebandiers. Ce détail du récit avait bien sûr retenu toute mon attention et le thème du secret apparaissait dans tous mes jeux. L'un d'eux consistait à faire croire à mes camarades que j'étais détenteur d'un secret très lourd : « Je ne peux pas t'en dire plus, mais c'est un secret terrible », répétais-je à ceux dont j'avais fait mes confidents.*

Ma rencontre avec la psychanalyse est liée au fait que ma famille m'a amené, par son mutisme, à travailler plus avant sur les effets de ces « enclos de silence ». Beaucoup plus tard, après un indispensable temps de deuil et de nombreuses années d'analyse, est venue la nécessité de coucher par écrit cette expérience. Dans le mot « roman » imprimé sous le titre, les psychanalystes entendront « roman familial », et ils auront raison, à ceci près que la fiction y occupe une grande part, comme dans tout souvenir.

Est-il possible d'évoquer un souvenir sans être dans la fiction ? Non, sans doute, car tout souvenir est reconstruction et a donc à voir avec le fictionnel, tant il est vrai que nous sommes les auteurs et les romanciers de notre propre histoire. Chacun de nous en fait l'expérience lorsqu'il se retrouve, par exemple, sur les lieux de son enfance qu'il n'a pas revus depuis de nombreuses années ; il constate alors de visu à quel point il les a transformés, dramatisés, embellis ou assombris, en somme rendus fictionnels. Le souvenir d'un événement partagé avec des amis perdus de vue depuis longtemps se révèle lui aussi considérablement transformé lorsque nous retrouvons ces derniers et l'évoquons avec eux : autant d'amis, autant de versions. Sans parler des films où la scène capitale, dont nous avons gardé ce que nous croyons être un souvenir inaltérable, se révèle très différente lorsque nous la revoyons, bien des années après…

C'est dire si ces souvenirs dont nous aurions été prêts à jurer de la véracité sont des fictions, de sorte que la frontière entre roman et autobiographie est extrêmement ténue.

Au moment du choix de mon titre, la consultation de sites recensant toutes les œuvres romanesques parues depuis plus d'un demi-siècle m'a fait découvrir que le mot « secret » était statistiquement celui qui apparaissait le plus souvent dans les titres de romans. Que ce mot soit à ce point présent dans la littérature ne m'a pas semblé un hasard : il constitue le moteur même de l'écriture ainsi que son nerf.

L'étymologie du mot « secret » renvoie au *secretum* latin, qui est un « lieu écarté ». L'origine du mot est donc topologique, mais il a aussi le sens de « pensée ou fait qui ne doit pas être révélé ». Un autre sens de ce mot est « séparé, à part » qui renvoie de nouveau à une topologie. Ce qui rend tentant de le rapprocher du terme utilisé par Freud pour désigner l'inconscient : une « autre scène », un autre lieu. Et la révélation, c'est-à-dire le fait de lever cette séparation topographique entre ces lieux, pourrait dès lors faire penser à la levée du refoulement obtenue au cours de l'analyse. La réintégration de l'inconscient dans le conscient est évoquée par la fameuse formule freudienne traduite classiquement par « Le Moi doit remplacer le Ça » et plus librement par Lacan sous la forme : « Là où c'était, je dois advenir. »

Si la dimension du secret est autant partagée c'est que son moteur, ce qui lui donne naissance, porte la marque même de l'humain : la honte, la culpabilité, la pudeur, le deuil, la difficulté à assumer ses actes. De même, le secret est la conséquence du langage : il est tributaire de la parole. Pour parler en termes lacaniens, la nature même du signifiant (cet au-delà de la parole) est de sécréter de la polysémie et d'être générateur de secrets, au point qu'on s'échappe à soi-même, qu'on ne sait pas ce qu'on dit. Le langage génère cette dimension, le « tout dire » étant par essence impossible : une part du discours restera toujours sous la barre qui sépare le signifiant du signifié.

Si pour Lacan le langage est la condition de l'inconscient, on peut aller jusqu'à dire que le langage est également la condition du secret. Un « signifiant maître » demeure un signifiant clef, dont on ne sait quelle porte il permet d'ouvrir : *maîtresse, tombe, meurtre, maternité, paternité, enfant mort* sont de ces signifiants, mis à l'écart, éliminés du discours courant et qui chercheront inéluctablement à y faire retour sous une forme ou une autre.

Cependant le secret n'a pas qu'une face négative, il n'est pas seulement ce qui fait mal, ce qui ravage, il peut aussi fédérer, créer un espace d'intimité. Un secret partagé est une belle preuve d'amitié et de confiance : « Je vais te confier un secret… » témoigne en effet d'un don fait à l'autre. Mais il est nécessaire qu'une part de nous reste secrète pour les autres. L'*extimité* complète, contraire de l'*intimité*, serait nocive. D'une certaine façon, les seuls à ne pas avoir de secrets seraient les grands psychotiques, avec leur « inconscient à ciel ouvert » que l'on ne saurait leur envier.

On peut encore à ce sujet citer Serge Tisseron, lorsqu'il invite à différencier deux aspects du secret : on peut en être *le gardien*, ce qui ne pose pas de problème psychique particulier, mais on peut aussi en être *le prisonnier*, ce qui présente une dimension toxique. Être le prisonnier d'un secret crée des ravages, qui se répercutent de génération en génération.

Je suis passé quant à moi par les deux positions : le prisonnier puis le gardien, avant d'accéder à une troisième : celui qui délivre du secret, et enfin à une quatrième : celui qui le livre.

Je peux me souvenir très précisément du matin où je me suis levé pour écrire les premières pages de mon livre, mais aucunement du moment où m'en est vraiment venu le projet : quelque chose résiste à la prise de conscience. « Après tout, cette histoire que je porte en moi depuis si longtemps, pourquoi n'en ferais-je pas le sujet d'un roman ? » Ce moment clef, je ne peux le situer. Qu'est-il advenu pour que cette histoire soit devenue projet d'écriture ?

Psychanalyste, j'ai passé un peu plus de temps que d'autres sur le divan et cette histoire familiale a évidemment été au cœur de mon analyse, du moins dans les premières années. Elle a été analysée, a trouvé sa place. L'analyse était terminée depuis de nombreuses années quand je me suis lancé dans l'écriture, elle m'a permis d'écrire ce livre avec la bonne distance, d'être plus émouvant qu'ému et prêt à transmettre un événement qui ne reste pas collé à moi sur le mode du trauma absolu. Mais ce qui demeure le plus mystérieux – et c'est peut-être la réponse à la question « comment m'est venu le désir de faire ce livre » –, c'est que j'en ai écrit la première page très exactement, jour pour jour, mois pour mois, vingt ans après la disparition de ceux que j'ai appelés Maxime et Tania : mon temps de deuil.

L'inconscient calcule, c'est un agenda hors pair, autrement plus performant que les « Palm », ces objets électroniques dont nous nous servons pour ne rien oublier : il se souvient de tout, n'oublie aucun anniversaire et les célèbre à sa façon (malaises, moments dépressifs, déclenchement de maladies). Ses comptes, à notre insu, nous rappellent à l'ordre, le moment venu.

Freud disait qu'un deuil normal durait un peu plus d'un an. Avec mes vingt ans, évidemment je me situais dans le domaine du deuil pathologique. C'est ainsi : le deuil se mesure à l'aune du trauma qui l'a inauguré.

En ce qui concerne les événements de la Seconde Guerre mondiale, il a fallu attendre cinquante, voire soixante ans avant que ceux qui les avaient traversés puissent commencer à en parler. On s'étonne encore qu'après-guerre, certains de ceux qui en avaient le plus souffert aient développé une sorte d'amnésie ou de mutisme absolu sur les horreurs qu'ils avaient connues. Le trauma, par définition, ne peut se mettre en mots, le Réel du fait brut est venu écraser le Symbolique qui en permettrait le témoignage et la transmission. Ceux qui ont pu enfin prendre la parole expliquent leur long silence par des raisons qui, fait extrêmement troublant, se rapprochent de celles qu'avancent les victimes d'un autre traumatisme, l'inceste : l'absolue violence du fait, la honte de l'avoir subi, la culpabilité, la peur de ne pas être cru.

Même si je pensais ce deuil fait, parce que le travail de l'analyse avait quand même permis de remettre les choses à leur juste place, il a fallu vingt ans pour que l'idée germe, pour que l'idée d'en faire un livre soit autorisée à germer... jusqu'alors, ce projet ne m'avait pas même effleuré.

La condition de sa réalisation – une évidence pour moi – était que les personnages évoqués dans ce livre ne soient plus de ce monde. C'était encore là un élément troublant : ce récit qui aurait été pure trahison de leur vivant (dévoiler leur intimité) devenait hommage après leur mort. C'est la mort qui venait transformer une trahison en hommage, en tombeau : en effet, ce livre ne serait pas une tombe, mais plutôt un tombeau, mot qui, en français, a l'avantage de signifier à la fois sépulture et « hommage ».

Ce livre n'a pas été écrit dans l'impulsion d'un passage à l'acte, il possède au contraire toutes les caractéristiques d'un acte dans la mesure où – c'est ce qui caractérise l'acte – je n'étais pas le même avant et après sa conception. Cet acte, il fallait lui donner sa bonne forme, trouver non seulement les mots justes, mais aussi la bonne distance, éviter deux écueils fondamentaux, celui du pathos et celui de la trop grande distance : le feu et la glace. Si ce livre avait été écrit dans l'émotion pure, il serait resté collé à moi, son émotion n'aurait pu se transmettre.

L'histoire si douloureuse que raconte ce livre a été écrite dans le bonheur et le plaisir d'écrire, très certainement parce qu'il me permettait, et c'est peut-être cela le fin mot de l'histoire, de devenir l'auteur de cette histoire dont j'avais été la dupe, d'une certaine façon. Retournement aussi fondamental que le retournement du secret lui-même : devenir l'auteur de cette histoire, prendre la plume, construire des arches entre les piles d'un pont. Car je ne disposais que de quelques piles de ce pont, à partir desquelles il me fallait reconstruire l'édifice disparu, travail qui a consisté à combler des blancs. Le thème du livre se résumerait en effet à une page, à peine : « Un homme et une femme sont tombés amoureux fous l'un de l'autre pendant que leurs conjoints respectifs trouvaient la mort dans des conditions dramatiques. Naît un petit garçon qui, après avoir souffert du poids de la culpabilité et du silence de ses parents, finit par s'en délivrer. »

Les arches que j'ai construites entre les piles du pont en ruine sont les épisodes auxquels je n'ai pas assisté : le mariage de Maxime et d'annah, le regard de Maxime sur Tania, le passage de la ligne pendant lequel Hannah se livre aux Allemands en montrant ses vrais papiers, entraînant son fils Simon dans la mort, tout cela il m'a fallu le reconstruire à partir du peu d'éléments que j'avais en ma possession. Un travail d'historien : une construction, en somme.

Construction en histoire, en psychanalyse et en littérature ont pratiquement la même fonction et comme par hasard, après avoir inventé ces épisodes, j'ai relu cet article de Freud dans lequel je ne m'étais jamais replongé depuis mes études de psychologie : Constructions en analyse. *J'ai été surpris, à cette relecture, par le sentiment qu'il m'avait été extrêmement utile d'avoir inventé ces épisodes, non seulement pour que l'histoire se tienne, mais aussi parce que j'ai eu l'intime conviction – dont personne ne pourra me déloger – que c'était ainsi que les événements s'étaient réellement produits et que par là même l'histoire prenait sens : pour découvrir sa réalité, ou plutôt sa vérité, il m'avait fallu passer par la fiction. Et il se trouve que cette démarche est très proche de ce que Freud énonce à propos de la psychanalyse :*

> *« Ce que nous souhaitons, c'est une image fidèle des années oubliées par le patient, image complète dans toutes ses parties essentielles. Ici nous devons nous rappeler que le travail analytique consiste en deux pièces entièrement distinctes, qui se jouent sur deux*

scènes séparées et concernent deux personnages dont chacun est chargé d'un rôle différent.

Nous savons tous que l'analysé doit être amené à se remémorer quelque chose qu'il a vécu et refoulé, et les conditions dynamiques de ce processus sont si intéressantes qu'en revanche l'autre partie du travail, l'action de l'analyste, est reléguée à l'arrière-plan. De tout ce dont il s'agit, l'analyste n'a rien vécu ni refoulé ; sa tâche ne peut pas être de se remémorer quelque chose. Quelle est donc sa tâche ? Il faut que, d'après les indices échappés à l'oubli, il devine ou, plus exactement, il construise ce qui a été oublié. La façon et le moment de communiquer ces constructions à l'analysé, les explications dont l'analyste les accompagne, c'est là ce qui constitue la liaison entre les deux parties du travail analytique, celle de l'analyste et celle de l'analysé. »

J'étais donc à la fois, en écrivant ce livre, dans la position de l'analysé et de l'analyste.

« Son travail de construction ou, si l'on préfère, de reconstruction présente une res-

> *semblance profonde avec celui de l'archéologue qui déterre une demeure détruite et ensevelie, ou un monument du passé. Au fond, il lui est identique, à cette seule différence que l'analyste opère dans de meilleures conditions et dispose de plus de ressources en matériaux parce que ses efforts portent sur quelque chose qui est encore vivant et non sur un objet détruit, et peut-être encore pour une autre raison... L'archéologue, d'après des pans de murs restés debout, reconstruit les parois de l'édifice, d'après des cavités du sol détermine le nombre et la place des colonnes et, d'après des vestiges retrouvés dans les débris, reconstitue les décorations et les peintures qui ont jadis orné les murs... »*

Avec cette jolie métaphore pompéienne, me renvoyant encore une fois à la reconstruction des arches du pont en ruine, on se retrouve tout à fait dans la perspective de la construction d'un roman.

> *« On peut parler de construction quand on présente à l'analysé une période oubliée de sa préhistoire, par exemple en ces termes :*

> *“Jusqu’à votre énième année vous vous êtes considéré comme le possesseur unique et absolu de votre mère ; à ce moment-là un deuxième enfant est arrivé et avec lui une forte déception. Votre mère vous a quitté pendant quelque temps et, même après, elle ne s’est plus consacrée à vous exclusivement. Vos sentiments envers elle sont devenus ambivalents, votre père a acquis une nouvelle signification pour vous”, et ainsi de suite… »*

Voilà donc comment Freud procédait. Cet aspect démonstratif, explicatif, fait aujourd’hui un peu sourire, la technique analytique ayant évidemment évolué, mais il faut savoir se replacer dans cette époque où personne encore n’avait évoqué de tels contenus à des patients.

La suite de cette citation freudienne résonne avec ce que j’ai appelé mon intime conviction, ce sentiment d’avoir retrouvé à ma façon la vérité de certains des épisodes de mon histoire :

> *« Un seul point demande à être examiné et élucidé. Le chemin qui part de la construc-*

> *tion de l'analyste devrait mener au souvenir chez l'analysé ; il ne mène pas toujours jusque-là. Très souvent on ne réussit pas à ce que le patient se rappelle le refoulé. En revanche, une analyse correctement menée le convainc fermement de la vérité de la construction, ce qui, du point de vue thérapeutique, a le même effet qu'un souvenir retrouvé. Dans quelles conditions cela a lieu et de quelle façon il est possible qu'un substitut apparemment si imparfait produise quand même un plein effet, c'est ce qui devra faire l'objet de recherches ultérieures. »*

Il m'a paru troublant, en relisant ce texte, de constater que le travail d'écriture auquel je m'étais livré retrouvait quelque part cette nécessité de la construction freudienne, qui provoque des effets comparables à ceux de la levée du refoulement. Mon intime conviction d'avoir trouvé la vérité relevait très précisément de ce mécanisme décrit dans Constructions en analyse. *J'aurais donc produit – et je ne l'ai bien sûr compris qu'après coup – la « version originaire » de ma propre histoire et celle de ma famille. Ainsi ce « roman des origines », conforme à ce que Marthe Robert avance à propos de cette forme littéraire, ce scénario que j'ai réellement mis en forme par écrit et non pas seulement fantasmé, aura eu sur moi son effet de sens : une vérité qui transforme celui qui en a enfin connaissance.*

Fantômes

Quand on parle de crypte, de secret ou de fantôme, on se rapproche des thèmes chers à la littérature fantastique qui ne fait qu'exploiter, en la rendant concrète, une forme de réalité psychique. Les fantômes existent, bien entendu, car s'ils n'existaient pas, nous ne serions pas hantés, génération après génération, par les fautes et les manquements de nos ancêtres. Ces fantômes sont bien sûr symboliques, ils n'apparaissent pas enveloppés de suaires et ne font pas entendre le tintement de leurs chaînes. Mais quelque chose de l'ordre du « revenant » s'impose toujours à nous, *revenant* toujours à la même place, comme si le deuil relevait d'une démarche impossible. Fait-on jamais complètement son deuil d'un être aimé ? Cette formule « faire son deuil » ou « faire son travail de deuil », qui rencontre un grand succès de nos jours, mériterait qu'on l'interroge un peu plus avant, surtout lorsque l'on sait, et nous en avons tous fait l'expérience, que pour l'inconscient, la mort n'existe pas. Comment, en effet, accepter douloureusement l'absence de l'être disparu alors qu'il n'attend que la nuit pour revenir dans nos rêves. Et lorsqu'il nous y rend visite, des années voire des décennies après sa disparition, nous ne ressentons ni étonnement ni terreur, au contraire ce rendez-vous onirique se déroule la plupart du temps sous la forme d'un tranquille dialogue avec le défunt, que rien, même sa mort, ne rend impossible : le deuil ne va décidément pas de soi.

*Quand le narrateur d'*Un secret *découvre un chien en peluche – dont il pressent qu'il a appartenu à un autre enfant – et l'emporte dans sa chambre, surgit à ce moment l'image du frère mort, comme apparaîtrait un fantôme. Le narrateur appelle aussitôt ce chien en peluche Sim, ce qui est assez proche de Simon, le nom de son frère disparu.*

Comment est-ce possible ? Comment un secret peut-il se transmettre de génération en génération alors qu'il est tu ? Ni la transmission d'inconscient à inconscient, ni la télépathie ne peuvent expliquer ce phénomène… En revanche, la dimension du symbolique peut nous aider à comprendre comment un contenu réprimé réussit toujours à se faire entendre dans ce qui s'apparente au langage, un langage qui ne s'exprime pas en mots mais en mimiques, en regards, à travers larmes ou intonations, tous de l'ordre du préverbal ou de l'infra-verbal.

Ce que j'ai fait vivre au narrateur de mon roman m'est réellement advenu : j'ai en effet donné le nom du frère disparu, dont j'ignorais consciemment l'existence, à un animal en peluche. Ce nom ne m'avait pas été soufflé par un fantôme, il n'avait pas circulé de l'inconscient de mes parents au mien, rien de l'ordre du fantastique ou de la télépathie : ce nom, je l'avais simplement déjà entendu, comme un son dénué de signification pour moi mais chargé d'une dose d'émotion et d'affect absolument extraordinaire à laquelle j'avais, malgré mon jeune âge, été plus que sensible.

À l'époque où j'étais encore enfant, infans, *c'est-à-dire sans parole, ce nom a évidemment été prononcé devant moi, autour de moi, quelque part dans la pièce pendant que l'enfant que j'étais jouait, le dos tourné à ceux qui parlaient mais les oreilles branchées sur les conversations des adultes, comme le font tous les enfants. Ce signifiant « Simon », accompagné d'un soupir, d'un sanglot ou d'un « C'est trop horrible ! » qui étranglait la voix de qui le prononçait, l'a amené à se loger immédiatement dans cette crypte de l'enfant sans langage que j'étais. Aussitôt se sont associés à ce « Simon » l'indicible et l'insupportable d'une émotion perceptible chez ceux qui en parlaient. Ce fantôme-là était ainsi devenu pour moi un signifiant qui n'attendait pour se réveiller qu'un événement, une rencontre : ce fut la découverte du chien en peluche, qui allait provoquer l'ouverture de la crypte, ou de l'« armoire à provisions » selon les termes de Freud, et per-*

mettre la sortie de ce signifiant qui attendait là depuis si longtemps.

Au cours des rencontres avec mes lecteurs une question m'est souvent posée : « Pourquoi n'avez-vous pas repris l'orthographe d'origine de votre nom, Grinberg ? »

Ce « m » et ce « t » de « Grimbert », venus remplacer le « n » et le « g » de « Grinberg » pour en effacer la judaïté, ont fait fonctionner mon patronyme, lui aussi, à la manière d'un signifiant fondamental. Il n'y a que la langue française qui permette de jouer ainsi sur la sonorité de ces lettres : elle m'a permis de retrouver, au cours de mon trajet analytique, ce « n » de « haine » enfoui sous le « m » de « aime », pour redevenir possesseur de ce « g » de « j'ai » que le « t » de « tais » avait réduit au silence.

Je réponds toujours, à ceux qui me posent cette légitime question, que c'est par l'intermédiaire de mon livre (« À la recherche du nom perdu » ?) que j'ai repris symboliquement mon patronyme d'autrefois : l'écriture du roman a ainsi rétabli le nom du sujet que je suis dans son orthographe originaire et si je signe aujourd'hui encore cet essai « Philippe Grimbert », c'est que je sais – et que j'ai fait savoir – que ce nom porte une cicatrice.

BIBLIOGRAPHIE

ABRAHAM Nicolas et TÖROK Maria, *L'écorce et le noyau*, Flammarion, 1999.

ACCOCE Pierre, *Ces malades qui nous gouvernent*, Stock, 1976.

ANCELIN SCHUTZENBERGER Anne, *Aïe, mes aïeux !*, Desclée de Brouwer, 1993.

ANZIEU Didier, *Le corps de l'œuvre*, Gallimard, 1981.

FREUD Sigmund, *Psychopathologie de la vie quotidienne*, Payot, 2001.

— *La science des rêves*, PUF, 2010.

— *Essais de psychanalyse appliquée*, Gallimard, 1971.

— *Introduction à la psychanalyse*, Payot, 2001.

— *Cinq psychanalyses*, PUF, 2010.

— *Au-delà du principe de plaisir*, in *Essais de psychanalyse*, Payot, 2001.

— *Un trouble de mémoire sur l'Acropole*, Lettre à Romain Rolland, PUF, 1993.

— *Études sur l'hystérie*, PUF, 2002.

— *Délire et rêve dans la « Gradiva » de Jensen*, Gallimard, 1992.

— *Totem et Tabou*, Payot, 2001.

— *L'inquiétante étrangeté*, Gallimard, 1988.
— *Psychologie des foules*, PUF, 2010.
— *L'avenir d'une illusion*, Hatier, 2010.
— *Malaise dans la culture*, Points-Seuil, 2010.
— *Le mot d'esprit et ses rapports avec l'inconscient*, Gallimard, 1992.
— *Le Président Thomas Wilson*, Payot, 2005.
JARDIN Alexandre, *Le zèbre,* Grasset, 1998.
KIERKEGAARD Søren, *La répétition,* Rivages, 2003.
LACAN Jacques, *Écrits,* t. I et II, Points-Seuil, 1999.
— *Séminaire XI, Les quatre concepts fondamentaux de la psychanalyse,* Points-Seuil, 1990.
MILLER Gérard, *Le divan des politiques,* Seuil, 1989.
MIRBEAU Octave, *Le journal d'une femme de chambre,* Folio-Gallimard, 1984.
ONFRAY, Michel, *Le crépuscule d'une idole,* Grasset, 2010.
PLATON, *Le banquet,* Flammarion, 1964.
ROBERT Marthe, *Roman des origines et origine du roman,* Grasset, 1972.
RANK Otto, *Don Juan et son double,* Denoël, 1982.
SPOTO Donald, *La vraie vie d'Alfred Hitchcock,* Albin Michel, 1989.
TISSERON Serge, *Tintin chez le psychanalyste,* Aubier-Archimbaud, 1985.
— « Alfred Hitchcock et la mise en scène du désir filmique », *Les Temps modernes,* 1989.
TRUFFAUT François, *Entretiens avec Alfred Hitchcock,* Ramsay, 1983.
VIGOUROUX François, *Le secret de famille,* Hachette-Pluriel, 2002.

TABLE

Composé par Nord Compo Multimédia
7, rue de Fives, 59650 Villeneuve-d'Ascq

Achevé d'imprimer
sur Roto-Page
par l'Imprimerie Floch
à Mayenne en février 2012

N° d'édition : 17108 – N° d'impression : 81712
Dépôt légal : février 2012
Imprimé en France

